L'APOSTOLAT

DANS LE MONDE

PARIS. — IMP. SIMON RAÇON ET COMP., RUE D'ERFURTH, 1.

L'APOSTOLAT
DANS LE MONDE

CONFÉRENCES
PRÊCHÉES EN L'ÉGLISE SAINT-THOMAS D'AQUIN
A PARIS
AUX MEMBRES DE L'ŒUVRE DE L'ADORATION NOCTURNE
DU TRÈS-SAINT-SACREMENT

PAR

M. L'ABBÉ C. ALIX

PARIS
C. BORRANI, LIBRAIRE-ÉDITEUR
RUE DES SAINTS-PÈRES, 9
—
1862

PREFACE

Les chrétiens de nos jours ne sont pas appelés seulement à vivre dans la sainteté pour eux-mêmes, et à ne propager au milieu du monde les vertus de l'Évangile que par l'influence toute simple et toute naturelle du bon exemple; ils sont encore appelés au travail de la régénération sociale, par le double apostolat de la parole et des œuvres. L'époque présente n'est-elle pas, en effet, une époque de décadence religieuse et morale? Après tant de bouleversements politiques, précédés, en Europe, par une révolution philosophique, issue elle-même d'une révolution religieuse, la Foi n'a-t-elle pas subi de tristes et cruelles atteintes dans un grand nombre d'âmes? L'Église, sous le rapport de son autorité publique et sociale, n'a-t-elle pas été compromise par les utopies modernes? Il est donc nécessaire que les hommes de foi et de piété soient aussi des hommes de courage et d'action, et que, tenant d'une main le glaive pour repousser les ennemis de l'Église, toujours prêts à fondre sur elle, ils tiennent, de l'autre main, la truelle pour rebâtir l'édifice sacré des croyances, des mœurs et de la puissance extérieure du catholicisme [1].

Ce n'est qu'au prix de ce double travail, l'un de luttes héroïques, l'autre d'actives

---

[1] II *Esd.*, IV, 17.

reconstructions, que le monde sera sauvé.

A diverses époques de l'histoire, quand le monde chancelle sur ses bases, quand tout semble perdu, Dieu suscite des hommes de foi, de vaillants soldats, armés de la croix de son Fils, de sages architectes, d'humbles et laborieux serviteurs qui replacent la société sur ses bases providentielles, après avoir combattu et bientôt découragé, désarmé et changé en colons de la patrie chrétienne, les soldats de l'armée ennemie. Car l'Église ne saurait périr. Elle n'est persécutée que pour reprendre un nouveau lustre; dans l'angoisse qui semble la restreindre, elle concentre ses forces pour leur donner un élan plus énergique et une action plus étendue.

Or, ce signe consolateur des envoyés de Dieu, des généreux soldats, des habiles reconstructeurs que Dieu prépare pour le salut du monde, nous est donné, de nos jours, au moment du péril suprême! En effet, ne sont-ils pas un signe d'espérance et un gage de triomphe, ces chrétiens qui se liguent pour adorer, la nuit, le très-saint Sacrement; pour prier, pour réparer, pour expier, pour s'offrir en victimes devant le courroux de Dieu, apaiser sa justice et faire descendre sa miséricorde et son amour? O spectacle sublime d'une foi qui s'anime de toutes les défaillances que l'incrédulité fait dans les âmes! Ces chrétiens si empressés à venir adorer et prier pendant la nuit, accomplissent, pendant le jour, des œuvres de charité en faveur de leurs frères malheureux! Adorateurs de l'Eucharistie, ils apportent au Dieu voilé sous les espèces sacramentelles toute leur dévotion; enfants de saint Vincent de Paul, ils puisent leur charitable zèle à la source eucharistique. A la suite de cette double légion des adorateurs du très-saint Sacrement et des bienfaiteurs des pauvres, qui ne forme qu'une seule armée, combien de fidèles, de tout sexe, de tout rang, viennent offrir leurs adorations et leurs aumônes! Ainsi se multiplient les secours spirituels et les secours temporels dont le monde a besoin; ainsi la vie reprend son empire sur la mort; ainsi se prépare une nouvelle rénovation chrétienne : *Instaurare omnia in Christo*[1].

Nous connaissons, par une grâce de privilége faite à notre ministère, ces nobles chrétiens, ces hommes dévoués, ces femmes pieuses, ces frères et ces sœurs qui rivalisent de zèle, d'empressement, d'assiduité pour remplir auprès de Jésus-Christ l'office de Marie et celui de Marthe. Comme Marie-Madeleine, les vrais chrétiens adorent Jésus-Christ et reçoivent dans leurs

[1] *Eph.*, i, 10.

cœurs les paroles de vie qui sortent de sa bouche; comme Marthe, ils assistent, par des services de charité, son corps mystique, dans chacun de ses membres souffrants. Enivrés de la divine parole, transfigurés par la contemplation du Verbe, les adorateurs vont porter au monde la sagesse de l'Évangile. Émus de compassion pour les souffrances de l'Homme-Dieu, les disciples de la charité, qui le reconnaissent dans les pauvres, soignent les pauvres avec tendresse; et tandis que Jésus-Christ est nourri selon le corps, dans ses membres souffrants, à son tour il nourrit lui-même les âmes, il les rassasie de sa vérité. De la sorte, il arrive que l'Église, corps mystique de Jésus-Christ, est tout entière réparée; qu'elle est ramenée à la plénitude de la vie, et qu'elle reprend son action, son influence et son empire sur le monde.

Nous adressons ce livre à tous les vrais

chrétiens, aux âmes qui adorent le très-saint Sacrement et à celles qui servent les pauvres, aux fidèles qui vivent dans le siècle et à ceux qui habitent dans la solitude, car il convient, sans aucune distinction de rang ou de service, aux disciples de Jésus-Christ. Quels qu'ils soient, en effet, les disciples du divin Sauveur doivent exercer un efficace apostolat pour régénérer et sauver le monde, et cet apostolat doit partir du cénacle, du sanctuaire et de l'autel où Jésus-Christ réunit ses enfants.

Qu'ils reçoivent donc avec faveur ce livre, non à cause de celui qui l'a écrit et qui leur en fait hommage, mais à cause de Jésus-Christ, qui, par son ministre, daigne leur parler; qu'ils le reçoivent à cause des souffrances et des ruines du monde au secours duquel Jésus-Christ les envoie!

Puisse ce pieux travail, dont nous avons

écrit les pages avec le sentiment douloureux des ruines du présent et la ferme espérance des résurrections de l'avenir, contribuer, pour sa part, à l'œuvre de la reconstruction sociale, préparer ainsi, et hâter, si c'est possible, la paix et le triomphe de l'Église !

31 octobre 1861, vigile de la fête de la Toussaint.

PREMIÈRE CONFÉRENCE.

DE L'ACTION DES ADORATEURS DU TRÈS-SAINT SACREMENT
CONTRE LES VICES DU SIÈCLE.

Voici, messieurs et bien chers frères, les paroles divines que nous méditerons pendant cette retraite, et qui serviront de texte à nos instructions. Elles sont de Notre-Seigneur lui-même, et il les a prononcées dans l'une des circonstances les plus solennelles et les plus importantes de sa mission parmi les hommes : au moment de quitter ses apôtres et de remonter vers son Père. Une dernière fois il les visite, réunis à la même table au nombre de onze : *Novissime recumbentibus illis undecim apparuit* [1]. Il leur reproche leur foi trop tardive à sa résurrection, et, prenant soudain l'attitude de l'autorité et du commandement : « Allez dans le monde entier, leur dit-il, prêchez l'Évangile à toute créature ; celui qui croira et aura été baptisé sera sauvé, mais celui qui ne croira pas sera condamné. Or, voici les signes qui suivront ceux qui auront cru : en mon nom, ils chasseront les démons ; ils parleront des langues nouvelles ; ils enlèveront les serpents, et s'ils viennent à prendre quelque breuvage mortel, il ne leur nuira point ; sur les malades ils imposeront les mains, et les malades seront guéris [2]. »

Or, messieurs, ces pouvoirs si extraordinaires confiés aux croyants de l'Évangile, les premiers chrétiens les ont, en effet, exercés dans toute la plénitude du sens littéral ; et

---

[1] Marc., xvi, 14. — [2] *Ibid.*, 15 à 18.

si le don des miracles est aujourd'hui restreint, — l'Église déjà fondée ne demandant plus un si constant ni si complet secours de la puissance de son fondateur, — pourtant ce don existe encore : les saints font toujours des miracles, et, surtout, dans le sens mystique des paroles de mon texte, dans le sens tout spirituel que leur donnent les Pères et en particulier saint Grégoire [1], toujours les vrais croyants chassent, au nom de Jésus, les esprits de malice parlent des langues nouvelles, enlèvent les serpents, échappent, par l'effet d'une protection particulière de Dieu sur eux, à l'empoisonnement des erreurs et des vices, et guérissent, par leurs bonnes œuvres, ce monde languissant et malade au milieu duquel ils vivent.

Et telle est, messieurs, la noble et salutaire mission que vous avez reçue au saint baptême en qualité de chrétiens, et qui vous est de-

---

[1] Homil. xxix, in *Evangelia*.

venue plus particulière encore le jour où vous êtes entrés, attirés par des liens d'amour, dans l'œuvre de l'adoration nocturne du Très-Saint Sacrement. En présence de l'Eucharistie exposée sur nos autels, vous priez, vous adorez, vous offrez des hosties spirituelles de réparation pour l'honneur de Dieu et pour le salut des âmes. Dans l'ardeur de votre foi et de votre charité, la communion entre Jésus-Christ et vous-mêmes devient intime et d'une douceur infinie. Votre cœur se transforme en la similitude du cœur du Fils de Dieu ; vous vous revêtez de son zèle, de sa force, de son dévouement, de son amour ; vous devenez d'autres lui-même ; vous pouvez dire avec l'Apôtre : « Je vis, non plus moi, mais Jésus-Christ vit en moi : » *vivo, jam non ego, vivit vero in me Christus* [1]. Vous allez alors dans les rangs des mondains, à travers les choses tumultueuses et mauvaises du siècle,

---

[1] Galat., II, 20.

donner aux hommes, vos frères, la vie du Verbe incarné, la vie véritable et éternelle, puisée à sa propre source. Vous allez, en répandant cette vie, accomplir les œuvres qui lui appartiennent, qui la caractérisent, œuvres de l'esprit et de la vérité, œuvres régénératrices, œuvres miraculeuses devant lesquelles l'enfer recule, frémissant et vaincu, dont le monde a besoin, et qui seules peuvent sauver le monde!

Oh! messieurs et mes frères, par les entrailles de la miséricorde de notre Dieu; par cet amour sans bornes qui nous a donné son Fils unique et qui l'a livré pour nous à la mort, et à la mort de la croix! par la confiance même que Jésus a mise en vous et par l'effet de laquelle il consent à vous recevoir au pied de son trône comme d'intimes amis, comme de familiers serviteurs de son sanctuaire, je dirai comme les hôtes de son tabernacle; enfin, par les larmes de l'Église, par le malheur des pécheurs obstinés qui se perdent sans espoir de salut ; par la récompense promise aux hommes de bonne volonté, je vous en conjure, remplissez désormais la mission qui vous appartient de régénérer les âmes par une vie vraiment chrétienne, d'agir partout et toujours en disciples de l'Évangile; en un mot, de croire d'une foi ferme, et, avec cette foi, « de chasser les démons, de parler des langues nouvelles, d'enlever les serpents, d'échapper aux atteintes du mortel poison que le monde fait boire à ses imprudentes victimes, et d'imposer les mains sur les malades de l'ordre moral pour leur rendre la santé de l'âme et la vigueur de l'esprit. » *Qui crediderint, in nomine meo dæmonia ejicient, linguis loquentur novis, serpentes tollent, et si mortiferum quid biberint, non eis nocebit; super ægros manus imponent et bene habebunt.*

Puissé-je, moi-même, messieurs, vous donner l'exemple de cet apostolat, en vous en donnant le précepte, et fortifier ainsi ma pa-

role devant vous par une action vraiment édi-
fiante ! C'est la grâce que nous demanderons
à Dieu par l'entremise de Marie. *Ave, Maria.*

I

Établissons aujourd'hui, messieurs, que
vous devez, au nom de Notre-Seigneur, chasser les démons : *in nomine meo, dæmonia ejicient*, et disons par quels moyens vous pourrez
remplir ce difficile et important ministère
d'une manière vraiment efficace.

Il est certain, messieurs, l'Écriture sainte
et la tradition l'attestent en mille endroits,
qu'il existe des démons, des anges déchus,
des esprits de malice, dont la puissance, —
Dieu le permettant ainsi dans ses justes ju-

gements, — s'étend sur le monde et contre l'homme, pour notre punition et pour notre épreuve. Tel est l'empire du démon, que, selon Notre-Seigneur, il asservit le monde entier, ce monde, du moins, qui se compose des pensées et des œuvres des méchants : *mundus totus in maligno positus est*[1]. C'est encore Notre-Seigneur qui appelle le démon « le prince de ce monde : » *princeps hujus mundi*[2]. A son tour, saint Paul nous parle et nous avertit que « nous n'avons pas seulement à combattre contre la chair et le sang, mais contre les principautés et les puissances, contre les princes de ce monde et de ces ténèbres, et contre les esprits corrompus qui sont dans l'air : » *non est nobis colluctatio adversus carnem et sanguinem; sed adversus principes et potestates, adversus mundi rectores tenebrarum harum, contra spiritualia nequitiæ, in cœlestibus;* d'où l'Apôtre conclut « que

---

[1] I Joan ; v, 19. — [2] Joan., xii, 31.

nous devons prendre les armes de Dieu, afin de pouvoir résister à notre ennemi au jour mauvais, et qu'étant parfaitement munis, nous soutenions contre lui le combat : » *propterea accipite armaturam Dei, ut possitis resistere in die malo, et in omnibus perfecti stare*[1].

Conformément à cette doctrine des Saintes Écritures, les Pères et les docteurs nous montrent l'action du démon au milieu du monde, leur domaine ; les séductions qu'ils emploient contre les justes eux-mêmes et les précautions que nous devons prendre pour les mettre en fuite et les vaincre. « Si les démons, nous dit saint Jean Chrysostome, forment de si terribles armées rangées en bataille ; si nous avons pour adversaires des principautés spirituelles, les maîtres du monde, des esprits de corruption, comment osez-vous, je vous prie, vivre dans les délices ? Si nous sommes

---

[1] *Eph.*, vi, 12 et 13.

lâches, comment triompherons-nous? Que chacun ait soin de se faire à lui-même tous les jours cette question, lorsqu'il est envahi par le faste, par la concupiscence, quand il cherche, sans raison, contre toute sagesse, une vie délicate et molle! Qu'il écoute saint Paul, qui nous dit : « Nous n'avons pas seulement à « lutter contre la chair et le sang, mais con- « tre les principautés et les puissances [1]. »

Il est donc certain, messieurs, que le monde est livré aux puissances infernales, *mundus totus in maligno positus est*, mais il n'est pas moins certain que l'homme est armé pour lutter victorieusement contre elles. Jésus-Christ, par sa croix, a vaincu le démon, et nous, armés de cette croix, par le signe seulement de la croix, par tous les actes de la religion où les mérites du Sauveur interviennent, nous avons le pouvoir de dire à Satan : « Retire-toi, et fais place au Saint-Esprit : »

[1] Chrys., in *Mor*. Homil. XXIX.

recede, diabole, et da locum Spiritui Sancto[1].

Indépendamment de cette puissance générale contre les démons accordée aux chrétiens, il existe dans l'Église, vous le savez, messieurs, un ministère particulier d'action surnaturelle et divine, un ordre d'exorcistes dont l'autorité intervient quelquefois, quand l'Église le juge opportun, en faveur des fidèles, pour les délivrer de l'obsession du démon ou de la possession proprement dite.

Or, évidemment, messieurs, il ne s'agit pas ici de ce pouvoir. Vous êtes simplement laïcs. Votre action n'est qu'une action de foi, de piété, de zèle contre l'enfer. Mais, je ne crains pas de le dire, ce genre d'action est souverain à sa manière, et son rôle, dans l'ensemble des moyens de grâce mis à notre disposition par le Fils de Dieu, est un rôle de chaque jour, de chaque instant. « Le lion rôdant sans cesse pour nous dévorer : » *sicut leo cir-*

---

[1] Rit. Rom. *de Sacr. Baptismi.*

cuit quærens quem devoret, sans cesse aussi il faut lui résister par la force de la foi : *cui resistite fortes in fide* [1].

Exercez donc, messieurs, cette action souveraine! Montrez, par l'efficace de votre vertu, que vous avez la foi, une foi pleine et sans hésitation, comme le Sauveur la veut pour ses disciples : *Qui crediderint, in nomine meo dæmonia ejicient!*

Or, votre action contre le démon étant une action générale, constante, il est évident qu'elle a pour but d'atteindre bien moins l'ennemi dans sa propre personne que l'ennemi dans ses œuvres et son règne. En ce sens, il y a, messieurs, trois démons principaux, c'est-à-dire trois vices par lesquels le démon asservit le monde et que saint Jean nous fait bien connaître dans un passage célèbre de sa première épître. Rappelez-vous ici la parole déjà citée de Notre-Seigneur,

[1] I Petr., v, 8 et 9.

« que le monde entier est établi dans le mauvais : » *mundus totus in maligno positus est;* vous allez comprendre saint Jean. En nous disant les œuvres caractéristiques du monde, il nous dit les œuvres que le démon inspire. Or, voici les paroles de l'Apôtre : « Tout ce qui est dans le monde, dit-il, est concupiscence de la chair, et concupiscence des yeux, et orgueil de la vie. » *Omne quod est in mundo, concupiscentia carnis est, et concupiscentia oculorum, et superbia vitæ.* Il ajoute : « Et la concupiscence ne vient pas du Père, mais du monde : » *quæ non est ex Patre, sed ex mundo est* [1].

Voilà donc, messieurs, les œuvres du monde, le domaine et le règne du démon ; voilà, dans les trois concupiscences nommées par l'Apôtre, les trois démons que vous devez chasser. Car, si ces trois puissances sataniques sont vaincues, l'empire du mal disparaîtra.

---

[1] I Joan., II, 16.

Ces trois concupiscences sont, en effet, les trois sources d'où découlent tous les péchés, et le démon les regarde comme si essentielles, il y attache un tel prix, qu'il les a seules employées pour tenter, au paradis terrestre, le premier Adam, et, au désert, le second Adam, Jésus-Christ. Et c'est parce que le premier Adam a été vaincu que l'empire de la concupiscence, et par conséquent du démon, pèse comme une loi de servitude et de mort sur l'humanité ; c'est pour cela seulement que notre âme et nos sens se trouvent agités de cet esprit de révolte contre la loi de Dieu qui faisait dire à saint Paul : « Malheureux homme que je suis, qui me délivrera de ce corps de mort? » *Infelix ego homo, quis me liberabit de corpore mortis hujus*[1]*?*

Mais l'Apôtre se console lui-même, et nous tous avec lui, en disant aussitôt : « Ce sera la grâce de Dieu, par Jésus-Christ Notre-Sei-

[1] *Rom.*, vii, 24.

gneur : » *Gratia Dei per Jesum Christum Dominum nostrum*[1]. En effet, Jésus-Christ a vaincu le démon et le monde, et, par la grâce de ses mérites, nous pouvons aussi les vaincre. La lutte dont saint Paul gémissait demeure encore, il est vrai, comme un juste témoignage de notre déchéance, comme un mémorial constant du besoin que nous avons de la grâce libératrice du Rédempteur, mais l'issue de cette lutte, par le secours de Dieu, est en notre pouvoir. Si David a pu dire, lui qui ne saluait que de loin les promesses faites à ses pères : « Le Seigneur est ma lumière, il est mon salut, qui craindrai-je? » *Dominus illuminatio mea et salus mea, quem timebo*[2]? A combien plus forte raison ne devons-nous pas dire avec le grand Apôtre : « Je puis tout en Celui qui me fortifie ! » *Omnia possum in eo qui me confortat*[3]. Oui, messieurs, les hommes de foi peuvent et doivent

---

[1] *Rom.*, vii, 25. — [2] Ps. xxvi, 1. — [3] *Philip.*, iv, 13.

triompher du démon et du monde, et de la concupiscence qui est dans le monde. Qu'ils engagent donc le bon combat, qu'ils remportent la palme immarcescible de la victoire, cette palme qu'ils tiendront éternellement dans les mains devant le trône de Dieu et de l'Agneau, et sur les ruines humiliées de ce monde et de sa concupiscence, « qui passent et qui périssent, » selon ce que saint Jean ajoute encore pour nous fortifier et nous consoler : *et mundus transit et concupiscentia ejus. Qui autem facit voluntatem Dei, manet in æternum* [1].

J'arrive maintenant, messieurs, à l'étude détaillée de ces concupiscences. Je les prends l'une après l'autre, et dans l'ordre inverse, en commençant par l'orgueil de la vie : *superbia vitæ.*

L'orgueil de la vie, c'est ici, messieurs, l'orgueil proprement dit, et vous avez, dans

---

[1] I Joan., II, 17.

cet orgueil, le premier démon qu'il faut chasser au nom de Jésus-Christ. Toutes les concupiscences nommées par saint Jean sont sans doute une dépravation de l'homme et du monde. Mais, comme le dit Bossuet, « l'orgueil est une dépravation plus profonde. Par l'orgueil, l'homme livré à lui-même se regarde lui-même comme son Dieu par l'excès de son amour-propre. Être superbe, dit saint Augustin, c'est, en laissant le bien et le principe commun auquel nous devions tous être attachés, qui n'est autre chose que Dieu, se faire soi-même son bien et son principe ou son auteur, c'est-à-dire son Dieu : *Relicto communi, cui omnes debent hærere principio, sibi ipsi fieri et esse principium.* »

« C'est ce vice, continue Bossuet, qui s'est coulé dans le fond de nos entrailles à la parole du serpent, qui nous disait en la personne d'Ève : « Vous serez comme des dieux ; » et nous avons avalé ce poison mortel lorsque nous avons succombé à la tentation. Il a pénétré jusqu'à la moelle de nos os, et toute notre âme en est infectée. Voilà, en général, ce que c'est que cette troisième concupiscence que saint Jean appelle l'orgueil ; et il ajoute : « l'orgueil de la vie, » parce que toute la vie en est corrompue ; c'est comme le vice radical d'où pullulent les autres vices ; il se montre dans toutes nos actions ; mais ce qu'il y a de plus mortel, c'est qu'il est la plus secrète comme la plus dangereuse pâture de notre cœur[1]. »

A toutes les époques de l'histoire, sous toutes les formes dont l'humanité a revêtu ses doctrines, ses mœurs, ses institutions, nous rencontrons « l'orgueil de la vie. » L'orgueil est le père de l'idolâtrie ; il s'adore lui-même dans ses conceptions idolâtriques. C'est lui qui crée, par l'effet d'un monstrueux égoïsme, les tyrannies des anciens temps, les royautés sanglantes que l'on divinisait en les

---

[1] *Traité de la Concupiscence*, ch. x.

redoutant, et dont on pourrait dire, dans un meilleur sens que ne l'a fait le poëte païen :

Primus in orbe deos fecit timor.

C'est l'orgueil qui a suscité contre l'homme pour le perdre, — car l'orgueil, comme Satan, est « homicide dès le commencement[1], » — ces guerres dévastatrices dont les annales des peuples sont remplies et tachées. C'est l'orgueil qui a fabriqué les innombrables systèmes de philosophie où les prétendus sages ne s'entendent pas, ne s'accordent jamais, si ce n'est pour se moquer du sens commun et mettre audacieusement la raison de l'homme à la place de la raison de Dieu, leur parole à la place de la tradition, leurs écritures menteuses à la place de l'Écriture toujours vraie, parce qu'elle vient de Dieu, comme la tradition, quoique d'une autre manière. C'est l'orgueil qui, plus tard, au sein du christianisme,

[1] Joan., VIII, 44.

du cœur même de l'unité, a fait sortir les hé-résies et pulluler leurs sectes plus méchantes et plus impures les unes que les autres. C'est l'orgueil, enfin, qui souffle sur les peuples le vent des révolutions, déracine les trônes, ébranle les fondements de la société, fait un désert aride des régions cultivées où il passe, et semble, après avoir tout dévoré, ne vouloir se repaître que de lui-même.

Or, messieurs, si, à toutes les époques, le démon de l'orgueil a déployé dans le monde son drapeau ; si, par une providence attentive, sans laquelle tout serait perdu, les enfants de l'Évangile, armés du glaive de la foi, et tenant dans leurs mains soumises le drapeau de Dieu et de ses droits, ont combattu l'orgueil, il semble qu'à notre époque, dans ces jours mauvais que nous traversons, une recrudescence plus active de l'esprit d'orgueil appelle, de la part des croyants, des chrétiens sincères, une lutte d'opposition plus énergique contre cet esprit. Oui, messieurs, de nos jours, « l'orgueil de la vie » s'est exalté d'une telle manière qu'il a mis en péril non pas une institution en particulier, soit religieuse, soit politique, mais toutes les institutions fondamentales, mais, on peut l'assurer, la société tout entière ! Et voyez ce qui se passe ! Nous sommes témoins des œuvres de l'orgueil. Le matérialisme et l'idolâtrie semblent vouloir reparaître dans le panthéisme, conception orgueilleuse de l'esprit philosophique fatigué de l'idée d'un Dieu personnel. Sous le nom divinisé de l'État, des publicistes païens invoquent un seul maître et le plus dur de tous, parce qu'il n'a point de cœur. Les guerres spoliatrices, les luttes sanglantes, plus terribles, quoique plus courtes, que les guerres anciennes, grâce au perfectionnement des armes, ne manquent pas et semblent loin de toucher à leur fin. Dans l'ordre des croyances, le rationalisme, fruit du libre examen protestant, contrôle nos dogmes, les dénature en les expliquant ou les nie sans respect. L'hérésie, à qui tout est bon pourvu qu'on ne soit pas catholique, pénètre dans les contrées les plus exclusivement fidèles à l'Eglise. A sa suite viennent d'un pas pressé, l'indifférence, la corruption, l'impiété. Les doctrines politiques des socialistes et des communistes, doctrines hérétiques au premier chef, se tiennent dans l'ombre, prêtes à fondre sur leur proie à la première occasion. Et quand on pense, messieurs, que cette proie c'est la religion, famille surnaturelle de Dieu et des hommes ; que cette proie c'est la famille naturelle, sanctuaire primordial de la dignité humaine par la paternité de Dieu descendue sur les hommes ; que cette proie c'est la société politique, famille plus grande où la justice, la sagesse et la puissance de Dieu investissent les souverains pour la bonne direction des peuples ; quand on pense, enfin, que cette proie, c'est la propriété, conquête de nos sueurs et de nos larmes, patrimoine de nos enfants issus de notre sang et marqués de notre nom, alors l'esprit se trouble, le cœur s'émeut, et l'on sent le besoin de la foi chrétienne qui seule peut s'opposer à de si grands attentats! L'orgueil n'épargne rien. Plus une institution est belle, utile, nécessaire, plus une institution est d'origine divine, plus l'orgueil cherche à la renverser! C'est qu'il y voit des devoirs à accomplir, des droits à respecter, une autorité réclamant la soumission, l'obéissance : lois d'ordre et d'amour qu'il ne peut supporter et qui lui arrachent ce cri toujours le même depuis la chute des premiers rebelles : *Non serviam*, « Je ne servirai pas! »

Descendons de ces généralités effrayantes aux détails qui se produisent sous nos yeux. Dans les familles, l'esprit d'orgueil éloigne du prêtre, et par conséquent de Dieu, le père et la mère dont le premier devoir est de donner à leurs enfants des exemples de religion. A leur tour, les enfants n'ont plus d'obéissance, plus de respect pour leurs parents. Les serviteurs se regardent comme les égaux de leurs maîtres ; ils sont des ennemis domestiques, bien plus que des gens de la maison. L'antique politesse, cette forme sociale de la charité que le christianisme avait su apprendre à nos pères, se change en façons grossières de se traiter qui inspirent le dégoût. Tout sentiment de l'autorité est perdu. Les maîtres n'ont plus de disciples, parce que les disciples ne veulent plus avoir de maîtres, et, conséquemment, personne ne veut être ni enseigné ni commandé. Si l'ordre tient encore dans le monde, c'est par une heureuse suspension des lois de la logique, opérée par la Providence, et malgré nous. Il faut une sorte de miracle pour empêcher les hommes de se détruire, emportés qu'ils sont par les fureurs de l'orgueil.

Ainsi, messieurs, de ce côté le mal est grand, et pourtant ce n'est là qu'un seul des trois démons de la concupiscence. Voyons le second.

C'est le démon du luxe, du faste, de la richesse et de l'avarice. Son domaine s'appelle « la concupiscence des yeux : » *concupiscentia oculorum*. Bossuet nous dit de cette concupiscence qu'elle est *la gourmandise des yeux*; il remarque avec raison que « le gourmand trouve des bornes dans son appétit, quelque déréglé qu'il soit, mais que la gourmandise des yeux n'est jamais contente ; qu'elle n'a, pour ainsi parler, ni fond ni rive[1]. » Or, messieurs, il y a encore là une idolâtrie : l'idolâtrie de la matière se résolvant en idolâtrie de nous-mêmes dans l'ordre de la fortune et de la gloire terrestre.

La concupiscence des yeux nous attaque avec un art non moins habile que perfide. Elle nous porte d'un bond, par l'imagination et par les désirs du cœur, sur les hauteurs du monde riche et brillant dont nous sommes entourés. Elle nous montre dans un détail minutieux l'aisance de celui-ci, l'opulence de

---

[1] *Traité de la Concupiscence*, ch. ix.

celui-là; les honneurs, les plaisirs des riches. Elle ne craint pas d'arrêter nos regards éblouis sur les sceptres eux-mêmes et sur les couronnes des rois. Puis, elle étale devant les victimes qu'elle veut perdre le tableau des festins, des jeux, des voyages, des belles parures, du repos, de l'oisiveté, de la douce paresse que procure l'or. Elle fait monter à notre tête, de toutes les plaines, de toutes les collines, de tous les vallons, des frais jardins et des fraîches corbeilles, d'enivrantes senteurs, des parfums vertigineux; et quand elle nous voit bien préparés à lui obéir, « Tombe à mes pieds, dit-elle, adore-moi, et je te donnerai tout cela : » *hæc omnia tibi dabo, si cadens adoraveris me*[1]. Remarquez, messieurs, que toutes les œuvres de Dieu sont bonnes, *vidit Deus cuncta quæ fecerat, et erant valde bona*[2], mais qu'elles sont mauvaises quand le démon les donne : *hæc omnia tibi dabo;*

---

[1] Matth., iv., 9. — [2] Gen., i, 31.

qu'elles sont mauvaises, quand pour les posséder il faut tomber : *si cadens adoraveris me;* tomber de la probité dans la fraude, dans le vol, dans la spoliation du pauvre; tomber du culte de la justice dans l'adoration de celui qui a voulu ravir à Dieu son nom et sa puissance, dans l'adoration du mal et du mauvais par excellence : *hæc omnia tibi dabo, si cadens adoraveris me!*

Et combien qui, à cette promesse, sont tombés et ont adoré! Combien qui ont échangé leur pauvreté honnête et contente contre la brillante et honteuse servitude des richesses mal acquises! Il serait superflu de parcourir des exemples anciens. Consultons nos propres souvenirs, étudions les faits contemporains. Tous les sages ont signalé l'affluence qui se fait autour du veau d'or. Nous avons aujourd'hui le culte de la richesse, la science et l'art de la richesse; nous avons des professeurs de richesse, et ceux-là ne manquent pas de disciples! Tout le monde veut s'enrichir le plus vite possible, par n'importe quels moyens. Je n'insiste pas : je suis ici d'accord avec la satire et la comédie elle-même. L'indignation anime encore Juvénal, et le peuple reçoit parfois des Térences qui l'amusent de bonnes leçons dont il ne profite guère! Est-il surprenant que les prophètes d'Israël, que les ministres du Dieu de la justice et de la sainteté aient aperçu le mal, et qu'ils s'indignent contre une société affamée de s'enrichir et qui ne veut pas être sauvée!

Permettez-moi pourtant de vous signaler de fausses idées contre lesquelles il faut être en garde. Par suite des ravages que fait au milieu de nous la concupiscence des yeux, nous exagérons singulièrement l'importance de certaines institutions, utiles, sans doute, nécessaires même, mais subordonnées à l'ordre moral, à l'ordre spirituel, au grand principe de l'autorité, je veux dire l'importance du commerce et de l'industrie. Tout cède à ces divinités nouvelles. Vous croyez sans doute que le commerce et l'industrie sont faits pour la société ; erreur ! Selon les théories modernes, et d'après ce qui se passe, c'est la société qui est faite pour le commerce et l'industrie. Le travail matériel absorbe tout le temps de l'ouvrier. Il n'est plus permis à l'homme du magasin ou de l'usine de penser à son âme ! Il est complétement sacrifié aux exigences du patron, comme celui-ci n'appartient plus qu'à la concupiscence insatiable des yeux, au lucre, à l'enrichissement ! Le développement prodigieux du commerce et de l'industrie appelle dans les villes l'ouvrier des campagnes, le modeste ou tranquille laboureur. Bientôt, au contact des mœurs impures d'une civilisation trop avancée, il se gâte et se corrompt. S'il revient au village ou à la ferme, il y apporte trop souvent, hélas ! les tristes stigmates que les mauvaises passions ont faits à son corps et à son âme. Cependant, sur ces ruines physiques et morales de la société, quelques enrichis, quelques parvenus se reposent au milieu des joies grossières d'une fortune trop prompte pour qu'elle soit honnête, et qui a coûté trop d'abaissement et de servitude à l'ouvrier pour donner au patron une véritable paix! La peine est pour le grand nombre, le plaisir pour de rares privilégiés; la convoitise des yeux réserve à la multitude la déception qui peut du moins la convertir, et à ses favoris la volupté qui les abrutit : elle les jette tout gorgés d'or à « la concupiscence de la chair, » troisième démon qu'il faut mettre en fuite au nom de Jésus-Christ.

N'attendez pas de moi, messieurs, que j'essaye de décrire les excès de cette concupiscence de la chair, *concupiscentia carnis*, qui complète, au dire de saint Jean, la triple servitude et la triple culpabilité du monde. L'orgueil de l'esprit est bien vite puni par les attaques humiliantes d'une chair insoumise et qui veut faire la loi. Le luxe, le faste, les honneurs sont autant de piéges tendus à la pureté des âmes. Les époques de philosophie et de luxe sont aussi des époques de corruption. Le paganisme reparaît dans les mœurs dès qu'il reparaît dans les doctrines. C'est vous dire qu'il tient aujourd'hui prosternées devant ses idoles impures la majeure partie des âmes. Dieu, du haut de sa sainteté, en contemplant les sociétés modernes, peut dire encore ce qu'il disait autrefois, avant le déluge : « Elles sont devenues chair, et mon esprit ne peut plus demeurer en elles : » *non permanebit spiritus meus in homine, quia caro est* [1].

L'innocence du jeune âge n'est plus qu'un nom, qu'un souvenir poétique d'autrefois. La sainteté du lien conjugal est violée par des scandales que la publicité des arrêts de la justice ne permet pas d'ignorer. Une vie de luxure éloigne les pécheurs, même à l'heure de la mort, du bienfait réparateur des sacrements. Le grand ennemi de la conversion, le

---

[1] *Gen.*, vi, 3.

grand obstacle au succès de notre ministère, c'est ce péché, qui pourrait en douter? Et pour entretenir ce péché, n'oubliez pas, messieurs, qu'il s'écrit chaque jour des milliers de pages romanesques où l'intérêt de la fiction, et quelquefois le charme du style font avaler aux âmes avec avidité le poison le plus mortel.

Oh! messieurs et mes frères, pleurez sur ces scandales, car ce ne sont pas les pauvres idolâtres de la Grèce ou de Rome qui les donnent, ce sont des chrétiens, des enfants de Dieu! Quel horrible sacrilége! Les membres du Christ sont devenus des membres de prostitution [1]; les temples vivants du Saint-Esprit ont reçu le simulacre de Baal! Les femmes de Madian ont perdu ces Israélites qui, par leurs armes invincibles, faisaient trembler le roi Balac et ses soldats! Enfants de Dieu, écoutez la voix de Moïse. Levez-vous et exterminez ces peuples abominables! ou

---

[1] *Tollens membra Christi, faciam membra meretricis?* I *Cor.*, vi, 15.

plutôt écoutez Jésus-Christ, et, par la force et la douceur de son nom, chassez ces démons, triomphez de ces concupiscences qui désolent le monde ; confiance, Jésus-Christ a vaincu le monde : *Confidite, ego vici mundum*[1].

II

Quand le Sauveur nous dit qu'en son nom les vrais croyants chasseront les démons : *in nomine meo dæmonia ejicient*, il exprime la condition essentielle, indispensable du succès de ce ministère. Il faut la foi pour agir en maître contre les puissances spirituelles qui nous sont opposées : il faut que la foi

---

[1] Joan., xvi, 33.

nous revête des mérites de Notre-Seigneur. Si nous commandions à l'enfer en notre propre nom, sans aucun doute nous serions vaincus. « Car, dit saint Pierre, il n'est point sous le ciel d'autre nom donné aux hommes que le nom de Jésus, en qui les hommes puissent trouver le salut : » *nec enim aliud nomen est sub cœlo datum hominibus, in quo oporteat nos salvos fieri*[1]. « Au nom de Jésus, ajoute saint Paul, tout genou fléchit dans le ciel, sur la terre et dans l'enfer : » *ut in nomine Jesu omne genu flectatur cœlestium, terrestrium et infernorum*[2]. Mais il ne suffirait pas d'invoquer ce nom. Il est nécessaire, en le prononçant, d'en exprimer la vertu dans notre foi, dans nos mœurs, dans notre religion. Que nos armes soient des armes spirituelles, propres à mettre en fuite l'ennemi par leur opposition à sa triple perversité. Contre l'orgueil, l'esprit d'humilité; contre

---

[1] *Act.*, IV, 12. — [2] *Philip.*, II, 10.

le luxe, le faste et l'avarice, l'esprit de détachement ; contre la convoitise de la chair, une vie pure, une vie angélique dans un corps mortel.

Je dis, messieurs, opposer, en premier lieu, à l'orgueil l'esprit d'humilité, et j'entends par là une acceptation franche et sincère du rang que la Providence nous assigne ici-bas ; un respect profond pour l'autorité, pour toute autorité qui vient de Dieu ; une soumission absolue, aveugle aux décisions de l'Église, à ses préceptes, à ses conseils, à ses désirs même ; enfin, une profession publique de cet esprit, prudente il est vrai, mais exempte de crainte.

Vous êtes pauvre, mon frère, et il vous faut travailler chaque jour à la sueur de votre front pour gagner le pain qui vous nourrit et qui nourrit votre famille? Sachez vous résoudre à cette condition. Il faut qu'il y ait des pauvres. Il a plu à Dieu de vous donner la charge de la pauvreté? ayez soin de la crcevoir de ses mains avec reconnaissance. Faites valoir ce talent qu'il vous confie. Trouvez-vous grandement honoré d'avoir été placé au poste du labeur et du péril. Soyez glorieux de servir Dieu comme il entend lui-même que vous le serviez. Ses mains ont pétri comme elles l'ont voulu les destinées humaines. Dans la maison de Dieu, il y a des vases d'honneur et des vases d'ignominie. « L'argile dit-elle au potier : Pourquoi m'as-tu façonnée de cette sorte et non pas d'une autre ? » *numquid dicit figmentum ei qui se finxit : quid me fecisti sic* [1] ? Dès-lors que Dieu vous a destiné à tel emploi, croyez que cet emploi vous est meilleur qu'un autre. Si vous jugez toutes choses du point de vue de l'ensemble et de la fin, tout vous paraîtra bon et beau et digne d'amour. Selon le précepte de l'Apôtre, vous resterez dans votre condition : *unusquisque in qua vocatione vocatus est, in ea permaneat* [2]. Saint

---

[1] *Rom.*, IX, 20. — [2] *I Cor.*, VII, 20.

Paul est très-explicite en ce point. « Avez-vous été appelés, dit-il, à la foi, dans la condition d'esclave? N'en soyez pas troublés, mais plutôt faites-en un bon usage, quand même vous pourriez devenir libres. Car celui qui, étant esclave, est appelé au service du Seigneur, devient affranchi du Seigneur ; et de même celui qui est appelé étant libre, devient esclave de Jésus-Christ. Vous avez été achetés d'un grand prix ; ne vous rendez pas esclaves des hommes. Mes frères, que chacun demeure devant Dieu dans l'état où il était quand il a été appelé [1]. » Donc, messieurs et mes frères, l'acceptation du rang qui nous est providentiellement assigné est le premier signe de l'humilité chrétienne et la première lutte contre l'esprit d'orgueil. Dieu qui a fait le pauvre et le riche, les jugera un jour selon leurs actes et non selon leur prééminence ou leur infériorité au sein

---

[1] *1 Cor.*, vii, 21, 22, 23 et 24.

de l'ordre actuel. Reposez-vous sur ce jugement et sachez en éviter les rigueurs par une bonne administration de la part d'héritage qui vous est échue. Que vous soyez riche ou pauvre, sachez être homme. Or, « craindre Dieu et observer ses commandements, c'est en cela que consiste l'homme tout entier : » *Deum time, et mandata ejus observa; hoc est enim omnis homo* [1].

Ensuite, messieurs, dans le rang où nous sommes placés, nous devons respecter, servir, aimer l'autorité, toute autorité qui vient de Dieu : l'autorité des parents, c'est l'ordre de la nature, c'est la loi du sang, c'est le précepte de Dieu ; l'autorité du prêtre, c'est le commandement de la religion ; l'autorité du prince et de ceux qui le représentent à tous les degrés, c'est la prescription formelle de l'apôtre [2]. Mais il ne s'agit pas ici d'un respect purement extérieur, inspiré par la crainte ou la bienséance, il s'agit d'un res-

[1] Eccles., xii. 13. — [2] I Petr., ii, 18.

pect religieux, accompagné de confiance et d'amour, à cause de Dieu lui-même, dont les princes et tous les maîtres ne sont que les représentants et les délégués. Il s'agit d'un sentiment profond de l'autorité, du pouvoir; sentiment qui nous fait regarder les chefs de la hiérarchie sociale comme nécessaires à l'ordre tant public que particulier des choses humaines; sentiment qui nous conduit à obéir volontiers, de cœur et d'âme; sentiment qui nous rend heureux des actes de notre obéissance et des marques non équivoques de notre soumission; sentiment qui exclut par là même l'esprit de discussion passionnée, de critique injurieuse, de blâme systématique : cet esprit frondeur avec lequel tout gouvernement est impossible, et qui renverse tout ordre, toute prospérité, toute stabilité des États ! Il suit de là, messieurs, que, pratiquement, nous devons proscrire la lecture des livres, des brochures, des journaux révolutionnaires, renoncer aux entraînements des partis, aux mesquines oppositions des coteries pour n'adhérer qu'à ce qui est juste, sage, honnête, loyal et respectueux. Est-ce à dire que nous devions nous annuler devant un pouvoir quelconque? Assurément non! Mais ce que l'Église tolère, sachons le tolérer; ce qu'elle aime, aimons-le; alors seulement nous aurons le droit et le devoir de combattre ce qu'elle combat! Ce qui est en ruines, de nos jours, c'est le principe d'autorité; donc, c'est l'autorité qu'il faut d'abord relever. Or nous ne parviendrons à ce résultat qu'en professant nous-mêmes la doctrine de l'autorité dans nos paroles, et le service de l'autorité dans nos actes.

Je dis encore : « Soumission à l'Église. » « Si quelqu'un n'écoute pas l'Église, regardez-le comme un païen et un publicain : » *Si quis autem Ecclesiam non audierit, sit tibi sicut ethnicus et publicanus* [1]. C'est l'Église qui sou-

---

[1] Matth., XVIII, 17.

tient comme une colonne inébranlable la vérité révélée : *Ecclesia, columna et firmamentum veritatis* [1]. Or, dans l'Église, le pouvoir enseignant et dirigeant se compose exclusivement du Souverain Pontife et des évêques. Les simples prêtres ne sont que les délégués et les coopérateurs des premiers pasteurs. Toutefois, en eux, respectons et aimons les évêques. Pour obéir à nos évêques, obéissons d'abord à nos prêtres : *Obedite præpositis vestris et subjacete eis* [2]. Mais je veux bien moins insister sur la doctrine de la soumission à l'Église que sur la pratique de cette soumission. Pour combattre avec succès l'indifférence, l'hérésie, l'impiété, et, chez les fidèles eux-mêmes, la tiédeur, faisons profession de nous attacher en toute choses aux sentiments de l'Église. Or, comme l'Église a pour chef le Souverain Pontife, vicaire de Jésus-Christ, attachons-nous aux sentiments du Souverain Pontife. Obéir au

---

[1] *II Tim.*, III, 15. — [2] *Hebr.*, XIII, 17.

successeur de saint Pierre dans les choses de la foi, de la discipline générale et des mœurs, ce serait peu : cette obéissance est strictement requise pour être catholique ; elle est loin de suffire pour l'œuvre de régénération à laquelle Dieu nous convie et nous prépare pendant cette retraite. Ayons donc soin de conformer nos opinions aux opinions du Saint-Siége, à sa direction, à ses vues, à ses tendances. Le Pape possède, à n'en pas douter, en dehors de l'infaillibilité proprement dite, et dans les questions qui ne sont pas l'objet de ce privilége, une abondance de secours naturels et de grâces, qui n'appartiennent à aucun autre au même degré. Il y a donc sagesse à suivre la voix du Pasteur suprême. Et comment préférerions-nous nos lumières aux siennes? D'ailleurs, si le Pape est la plus haute des autorités, c'est à lui qu'il est indispensable de s'attacher pour rétablir l'idée de l'autorité. Traiter avec légèreté Rome et ce qui vient de Rome, c'est s'exposer à violer toute soumission à des pouvoirs moins saints. Remarquez que la déchéance de l'autorité dans les jugements des hommes date de la déconsidération que le protestantisme et la philosophie déversent depuis trois siècles sur le vicaire de Jésus-Christ. Aujourd'hui encore la Révolution ne s'acharne avec fureur contre Rome que pour abattre plus facilement toute autorité, quand une fois elle aura démoli le rempart et la citadelle où s'abrite la notion chrétienne du pouvoir. Faisons donc sentinelle autour de Rome, protégeons cet arsenal de la vérité, de la justice et du droit; portons avec amour ce titre de « Romains, » qui, ajouté à celui de « Catholiques, » corrobore en nous, par l'unité, la force si grande, mais si dangereuse, quand elle est seule, de l'expansion universelle ! Que vos paroles, messieurs, que vos actes, que vos relations et vos habitudes, que toute votre vie enfin exprime le respect, l'amour pour l'Église et pour le Saint-Siége, dans le sens que nous venons d'exposer! Pas de passion, pas d'imprudence; gardez-vous d'un faux zèle! Mais avec une conviction solide, affirmez simplement, grandement, toujours et partout que vous êtes les fils et les serviteurs de l'Église de Jésus-Christ! De cette manière, vous chasserez le premier des trois démons auxquels le monde est asservi : le démon de l'orgueil.

En second lieu, vous devez combattre le démon de la concupiscence des yeux. Ici, vous aurez pour armes le détachement. Saint Grégoire pense avec raison que, dans le combat de la foi, nous avons affaire à des esprits; que les esprits ne possèdent rien en propre, et que, par conséquent, si nous voulons n'être pas de moins bonne condition que nos adversaires, ne leur laisser sur nous aucun avantage, il faut que nous combattions dépouillés de tout et nus comme les anciens athlètes : *Nudi ergo cum nudis luctari debemus.* « Car, ajoute-t-il, celui qui lutterait tout vêtu avec un antagoniste nu serait facilement saisi et promptement terrassé : » *Nam si vestitus quisque cum nudo luctatur, citius ad terram dejicitur, quia habet unde teneatur.* « Et que sont autre chose, conclut le même docteur, tous les biens de la terre, sinon des vêtements qui nous embarrassent? Que celui-là donc qui s'avance au combat contre le démon rejette ses vêtements, s'il ne veut pas succomber : » *Quid enim sunt terrena omnia, nisi quædam corporis indumenta? Qui ergo contra diabolum ad certamen properat, vestimenta abjiciat, ne succumbat* [1].

Ce détachement est donc nécessaire pour nous assurer la victoire; il est nécessaire pour rendre notre action sur le monde une action régénératrice. Mais rien de plus difficile que de se détacher de la sorte. Pour y arriver, employons les trois moyens suivants : premièrement, de ne pas nous laisser éblouir par les choses du monde; seconde-

---

[1] *Homil.* XXXII *in Evang.*

ment, de les regarder avec mépris ; troisièmement, de rechercher les biens spirituels.

Messieurs, nous le disions tout à l'heure avec saint Jean : « le monde passe, et sa concupiscence passe également. » Méditons cette vérité. Saint Paul s'exprime plus énergiquement encore. Il n'appelle pas même le monde une réalité présente : il l'appelle une figure, une sorte de fantôme qui s'évanouit : *Præterit figura hujus mundi* [1]. Comment nous attacherions-nous à ce qui n'est rien ? Comment nous livrerions-nous aux piéges que nous tendent les créatures? Car, depuis le péché du premier homme, les créatures sont des piéges où tombent les imprudents. Les créatures nous séduisent parce qu'elles nous paraissent belles et aimables. Elles le sont, en effet, Dieu leur ayant communiqué l'être et les ayant parées d'éclat et de grâce. Mais le danger, c'est de nous arrêter à elles sans nous

---

[1] *I Cor.*, vii, 31.

élever jusqu'au Créateur, et ce danger nous menace tous. Le moyen le plus sûr d'y échapper, c'est de faire un pacte avec nos yeux [1] pour ne pas les voir, ou du moins pour ne les voir que dans la purifiante clarté de la foi. A la faveur de cette lumière, nous verrons sur toutes les créatures le nom de Dieu. Ce nom, seul adorable, nous parlera, nous attirera, nous ravira à des contemplations inconnues; et le monde alors ne nous paraîtra plus qu'une ébauche symbolique des magnificences futures. Bien loin de nous y arrêter en le prenant pour fin, nous le traverserons d'un pas rapide; bien loin de nous abaisser jusqu'à devenir ses esclaves, nous le foulerons aux pieds, et ses forces humiliées ne serviront plus qu'à donner à notre âme un élan sans cesse multiplié pour nous porter vers Dieu. Nous sommes chrétiens, notre vie doit être celle du ciel : *Nostra conversatio in cœlis*

Job., XXXI, 3.

est[1]. C'est à nous que, selon l'Évangile, il appartient de connaître les mystères du royaume de Dieu[2]. C'est pour nous que Dieu réserve les biens qui ne se voient pas maintenant, mais qui sont éternels. Laissons à ceux qui s'obstinent à périr, le soin de contempler les biens visibles, mais fragiles, de l'ordre présent[3]. Que notre cœur, semblable à l'encensoir du saint lieu, fermé du côté de la terre, ne soit ouvert que du côté du ciel, où ses parfums monteront à l'aise, comme un hommage à Jésus-Christ et « comme une odeur de vie pour le salut des fidèles[4]. »

Cette contemplation n'est point stérile. Elle porte à l'activité des œuvres, elle produit un commerce, une noble industrie, des travaux et des profits qui ne sont qu'à elle. « Le royaume des cieux, dit le Sauveur, est semblable à un homme de négoce qui cherche de bonnes perles. En ayant trouvé une pré-

---

[1] *Philip.*, III, 20. — [2] Matth., XIII, 11. — [3] *II Cor.*, IV, 18. — [4] *II Cor.*, II, 15.

cieuse, il l'achète du prix de tous ses biens[1]. »
Cette perle, c'est la vérité, c'est la foi, c'est la
grâce, l'union avec Dieu, le salut, la vie éternelle. Voilà, messieurs et mes frères, le
divin commerce que nous aimerons! Même
dans les soins de notre état, dans les opérations mercantiles et financières qu'il nous
faudra faire, nous penserons à gagner Dieu,
lui, le seul vrai bien « que les vers ne mangent point, que la rouille ne peut altérer[2], »
le seul trésor que nous possédions au fond du
cœur et qui nous possède sans nous ravir la
paix et la félicité! Dès maintenant, ces
pieux travaux sont sans amertume; ils offrent quelque peine, il est vrai, mais l'amour adoucit toute peine. Ils sont rudes
parfois, mais ils sont chastes, et servent à
combattre par leur pureté la concupiscence
de la chair, ce troisième désordre, ce troisième démon signalé à l'autorité de notre
foi.

[1] Matth., xiii, 45 et 46. — [2] Matth., vi, 19 et 20.

Le règne de la concupiscence de la chair demande que vous l'attaquiez avec les armes dont le Sauveur a déclaré l'absolue nécessité. « Ce genre de démon, dit-il, ne peut être chassé que par la prière et le jeûne: » *Hoc autem genus non ejicitur nisi per orationem et jejunium*[1]. Et, en effet, saint Jean Chrysostome nous donne une admirable raison de cette nécessité. « Celui, dit-il, qui unit la prière au jeûne possède deux ailes au moyen desquelles il vole et s'élève malgré les vents. Il ne vacille pas, il ne sommeille pas, il ne s'engourdit pas en priant, comme tant d'autres qui sont sujets à ces infirmités; mais il est plus ardent que le feu, et, semblable au feu, il monte au-dessus de la région terrestre. Par là, il devient terrible aux démons; car rien n'est plus puissant qu'un juste en oraison[2]. » Ainsi, messieurs,

---

[1] Matth., xvii, 20. — [2] Qui orans jejunat, binas possidet alas, quibus ventos ipsos volando prætervehitur: non enim oscitat, nec extenditur, nec torpet orando, quæ multi patiuntur; sed igne ardentior et terra superior est: quare ter-

sans la mortification, point de prière bien faite ; sans prière, point de force spirituelle, et partant, sans la prière et sans le jeûne, point de victoire contre le vice impur. Opposez donc à la corruption du monde ce double arome d'une chair crucifiée et d'un esprit embrasé des ardeurs séraphiques de l'oraison. Spiritualisez votre chair en la châtiant, divinisez votre âme en l'unissant à Dieu. La prière est le jeûne de l'esprit, comme le jeûne est la prière du corps. Revêtez votre âme et vos sens de la chaste livrée des austérités chrétiennes. Faites briller sur votre front le signe sanglant de la croix du Rédempteur. Apparaissez à ce monde enivré de voluptés dans tout l'appareil du prétoire et du calvaire : avec les marques de la flagellation ; avec l'affaiblissement qui suit une veille passée au milieu des assauts cruels et bas d'en-

---

ribilis hostis dæmonibus redditur. Nihil enim est homine probo orante potentius. (S. Chrysost., apud Corn. à Lap., in C.., xvii, *Matth.*)

nemis bafouant le juste et lui crachant à la face ; avec la couronne d'épines, le sceptre de roseau, la pourpre dérisoire, et portant sur vos épaules le bois du dernier des supplices! Dites par ce spectacle, aux mondains qui ne l'entendent plus, le langage de la justice de Dieu, le langage éloquent des châtiments qui les menacent sur la terre et des supplices éternels qui leur sont réservés dans l'enfer. De cette manière, messieurs, et pas autrement, vous ferez reculer le démon de la luxure. Il ne prévaut si fort que par la faiblesse et la lâcheté des chrétiens. Hélas! au lieu de multiplier les actes de pénitence, nous multiplions les adoucissements. Les mortifications légales, imposées par l'Église, cèdent devant les dispenses que nous demandons. Pour nous, messieurs, qu'il n'y ait plus d'autre privilége que celui de nous dévouer au premier rang, en faveur de nos frères, dans la voie de l'expiation! Nous ne chasserons le démon qu'au nom de Jésus-Christ : *In nomine meo dæmonia ejicient.* Mais agirions-nous en son nom, si nous n'étions pas ses disciples? Or, selon saint Paul, « ceux qui appartiennent à Jésus-Christ ont crucifié leur chair avec ses vices et ses convoitises : » *Qui sunt Christi, carnem suam crucifixerunt cum vitiis et concupiscentiis*[1].

Or, messieurs, l'exemple, et la grâce de l'imiter dans cet exemple, Jésus-Christ vous les donne au très-saint Sacrement de l'autel.

Un exemple, premièrement, et une grâce d'humilité. Sous les espèces sacramentelles il voile sa splendeur. Sur la croix, la Divinité seule était cachée ; ici, l'humanité même du Fils de Dieu disparaît : *In cruce latebat sola Deitas, at hic latet simul et humanitas*[2]. Il obéit au prêtre qui l'appelle, au fidèle qui le demande. Il se donne aux bons et aux méchants. Il demeure au fond de nos tabernacles ; il y reste solitaire, souvent oublié, sou-

---

[1] *Gal.*, v, 24. — [2] *Rhythmus* S. Th. Aquin..

vent méconnu, souvent même outragé! Il ne se plaint point, il obéit. Comme il abat notre orgueil! comme il renverse notre audace! Que sa religion est profonde! Que son culte est surnaturel! Quel mystère! O raison humaine, abaisse tes hauteurs devant les hauteurs de Dieu! Obéis, crois et adore, et apprends à servir Celui qui ne t'a faite que pour sa gloire! Chrétiens qui adorez le Christ dans son Sacrement, en quittant ses autels, allez dire au monde ce que vous avez vu : un Dieu abaissé, obéissant, rendant à son Père un culte mystérieux et surnaturel, et chassez avec les vertus de ce Dieu le démon de l'orgueil et de l'incrédulité. Proférez le cri de l'obéissance : « Qui est semblable à Dieu? » *Deus, quis similis tibi*[1]? « O Dieu, nous sommes vos serviteurs et les fils de vos servantes : » *Ego servus tuus, et filius ancillæ tuæ*[2]! Hommes, servez le Seigneur! *servite Domino*[3]! Étouffez,

---

[1] Ps. LXX, 19. — [2] Ps. CXV, 16. — [3] Ps. II, 11.

messieurs, par ce noble cri, le cri du démon, qui dit : « Je ne servirai pas : » *non serviam!*

Secondement, dans l'Eucharistie, Jésus-Christ nous donne l'exemple et la grâce du détachement. Il nous invite et nous apprend à combattre la concupiscence des yeux. Car, sous les voiles où il se cache, il nous dépouille de nos moyens ordinaires d'expérimenter la vérité, la vue, le toucher, le goût : *Visus, tactus, gustus in te fallitur.* Il ne se manifeste qu'au sens de l'ouïe qui perçoit la parole de la foi : *sed auditu solo tuto creditur.* C'est ainsi qu'il nous appauvrit pour nous enrichir : *credo quidquid dixit Dei Filius; nil hoc veritatis Verbo verius.* Il nous arrache, en outre, à nos préoccupations terrestres, à la vie mondaine, au faste et à la gloire, par la simplicité même de son Sacrement. Ici, nous ne voyons que les apparences d'un pain commun, d'un pain qui est le même pour tous, pour le riche, pour le pauvre, pour l'ignorant et pour le savant. C'est le pain « supersubstantiel¹; » il nous transfigure donc, ce pain eucharistique; il nous enlève à la terre qui passe; il nous fait pénétrer dans le ciel; il nous communique la vie de Dieu, sa gloire, sa béatitude. En présence de ce mystère, qui pourrait aimer la vie présente, le luxe des richesses, l'éclat de la renommée, tout ce qui brille aux yeux; en un mot, ce que l'Écriture appelle « la fascination du rien : » *fascinatio nugacitatis*²? Ravis par ce mystère, les chrétiens qui l'adorent se détachent de tout pour gagner uniquement Jésus-Christ : *Omnia detrimentum feci et arbitror ut stercora, ut Christum lucrifaciam*³.

Troisièmement, enfin, l'Eucharistie nous donne l'exemple et la grâce de la pureté. C'est le sacrement du Dieu né d'une Vierge; de l'Agneau immaculé que « les vierges suivent partout où il va⁴; » du maître qui aima d'une dilection plus intime le disciple vierge

---

¹ Matth., vi, 11. — ² *Sap.*, iv, 12. — ³ *Philip.*, iii, 8. — ⁴ *Ibid.*, xiv, 4.

et qui lui confia, sur la croix, sa mère toujours vierge. Le pain du Christ est « le froment des élus; » son sang est « le vin qui fait germer les vierges : » *frumentum electorum, et vinum germinans virgines*[1]. Le culte eucharistique demande un sacerdoce pur et chaste, des cœurs où ne brûle que l'amour de Dieu. Quand on mange ce pain, et quand on boit ce vin saintement, on triomphe des passions charnelles. On devient semblable aux anges, en se nourrissant de l'aliment des anges : *Panem Angelorum manducavit homo*[2]. Heureux êtes-vous, messieurs, d'adorer et de manger si souvent ce pain ! Vous formez ainsi cette génération chaste que l'Écriture appelle « une génération belle : » *O quam pulchra est casta generatio*[3] *!* parole qui sert à nous faire entendre que la race des âmes impures est pleine de laideur aux yeux de Dieu, et que, pour lui donner la beauté, il faut lui donner la pureté.

[1] Zach., IX, 17. — [2] Ps. LXXVII, 24. — [3] *Sap.* IV, 1.

Que ce soit votre œuvre, messieurs, de donner au monde non-seulement la beauté, mais la liberté, la justice et la vérité, en l'arrachant à l'empire des trois concupiscences et des trois démons qui le souillent, le trompent et l'asservissent! Recevez de Notre-Seigneur lui-même, quand vous venez l'adorer sur son trône eucharistique, la vertu de son nom, sa splendeur, sa richesse, sa puissance; et portez au monde ces biens inestimables, les seuls vrais, les seuls qui demeurent, les seuls aussi que le démon nous veuille ravir et sur lesquels nous ne devons pas laisser prévaloir l'enfer : *Qui crediderint, in nomine meo dæmonia ejicient.*

DEUXIÈME CONFÉRENCE

DE L'ACTION DES ADORATEURS DU TRÈS-SAINT SACREMENT
CONTRE LE LANGAGE DU MONDE

Ainsi que nous l'avons dit, messieurs, le démon asservit le monde par la triple concupiscence de la chair, des yeux, et de l'orgueil de la vie ; et nous devons, au nom de Notre-Seigneur Jésus-Christ, par la pureté, le détachement et l'humilité, délivrer, autant qu'il est en nous, le monde de ce triple asservissement.

Dans le sacrement de l'Eucharistie, le divin Sauveur nous donne tout à la fois l'exemple de la lutte et la grâce de la victoire contre le démon et le monde ; donc, messieurs, nous irons, et nous accomplirons sa parole : *In nomine meo dæmonia ejicient.*

Cependant, si, d'une manière sommaire, tous les vices sont compris dans les trois concupiscences signalées par l'Apôtre, il est certain qu'il existe des vices particuliers qui ont besoin d'être attaqués à part, corps à corps, pour ainsi dire ; car, indépendamment de leur action générale et implicite au sein des trois concupiscences, ils possèdent une action explicite et propre des plus énergiques : action de détail qui multiplie le mal en le portant sur mille points à la fois et qui requiert la présence et le dévouement des soldats de Dieu partout où Dieu est offensé.

Or, messieurs, parmi ces vices de détail, l'Évangile nous en signale un qu'il ne nomme pas, mais dont le nom résulte du sens même de la mission qui nous est donnée pour le combattre. Jésus-Christ, en effet, annonce que ses disciples « parleront des langues nouvelles : » *Linguis loquentur novis*. Selon l'interprétation littérale, sans aucun doute, ce texte signifie que les apôtres et les vrais croyants, principalement à l'origine de l'Église, parleront des langues qu'ils n'auront jamais apprises, afin de propager l'Évangile et par l'effet d'un miracle et par le moyen d'une prédication comprise de tous les peuples ; mais, selon l'interprétation spirituelle, il nous est permis de dire que les enfants de Dieu parleront un langage nouveau, inconnu au monde ancien, ignoré toujours et partout du siècle et de ses sectateurs, et que, par conséquent, il y a, parmi les vices, un vice qui s'appelle le vice du langage mondain. C'est de ce vice, messieurs, que nous allons parler aujourd'hui et contre lequel vous êtes armés en recevant du Fils de Dieu le don du langage nouveau : *Linguis loquentur novis*.

Implorons, avant de commencer, le secours de l'Esprit-Saint par l'entremise de Marie. *Ave, Maria.*

I

Depuis la chute originelle, la langue humaine a souvent proféré le mensonge et l'erreur. Elle est ainsi devenue un instrument de division. Le mensonge, en effet, divise les esprits et les pousse dans des voies opposées et perdues. Le mensonge fait la dispersion des peuples, après avoir jeté la confusion dans les intelligences et dans les mots où s'incarnent, en quelque sorte, nos pensées. De même, depuis la chute, le cœur de l'homme a conçu le sentiment de l'égoïsme et de la haine. Or l'égoïsme et la haine divisent, dispersent et avilissent les âmes en les dépouillant du don de l'amour. La langue humaine, qui ne traduit pas seulement les pensées, mais encore les sentiments, a donc proféré des paroles d'égoïsme et de haine comme elle a proféré des paroles de mensonge et d'erreur. Ce double langage, qui fausse les esprits et les cœurs, est devenu le langage propre du monde et des méchants. Le langage du monde est, premièrement, un langage de mensonge qui divise les esprits; secondement, un langage de haine qui divise les cœurs. C'est là, messieurs, le langage ancien auquel il faut opposer le langage nouveau, la parole de vérité et de charité qui réunit les esprits et les cœurs et qui continue et dilate l'œuvre de la pentecôte contre l'œuvre toujours subsistante de Babel : *Qui crediderint, in nomine meo..... linguis loquentur novis.*

Je dis donc, premièrement, que le langage du monde est un langage de mensonge et d'erreur qui divise les esprits, et qu'il faut opposer à ce langage une parole de vérité, conforme à l'Évangile, afin que les esprits soient désormais réunis dans les liens d'une même foi, certaine et infaillible.

Les hommes, selon la sainte Écriture, sont soumis à l'erreur dès le sein de leur mère. A peine arrivés à l'âge où ils peuvent se faire entendre, au lieu de dire la vérité, ils disent le mensonge, « ils parlent faux, » ils égarent leurs semblables et les jettent au milieu des ténèbres : *Erraverunt ab utero, locuti sunt falsa*[1]. La même Écriture nous enseigne encore que « la bouche qui ment porte la mort dans les âmes : » *Os quod mentitur occidit animam*[2], et c'est sans doute par les coups sans cesse renouvelés que le mensonge porte à la vérité, que « la vérité a diminué d'une manière si sensible parmi les enfants des hommes : » *Diminutæ sunt veritates a filiis hominum*[3].

De nos jours, messieurs, une triple erreur servie par une triple parole habilement ap-

---

[1] L. vii, 4. — [2] Sap. i, 11. — [3] Ps. xi, 2.

propriée au résultat qu'elle doit produire, s'efforce de rendre de plus en plus effrayante la diminution de la vérité sur la terre : l'erreur philosophique, l'erreur religieuse, l'erreur sociale; et ces trois erreurs attaquent et renversent la vérité totale, c'est-à-dire la notion vraie du principe qui nous a créés, du moyen par lequel nous allons vers la fin que ce principe nous assigne, et de cette fin elle-même vers laquelle nous devons tendre.

L'erreur philosophique attaque et renverse la notion vraie du principe qui est Dieu;

L'erreur religieuse attaque et renverse la notion vraie du moyen qui est l'Église;

L'erreur sociale attaque et renverse la notion vraie du but qui est le Ciel.

Dieu, l'Église, le Ciel, ces trois mots, messieurs, disent tout. Les obscurcir, c'est ne plus rien laisser à l'œil de l'âme qu'il puisse contempler avec joie au milieu des ténèbres mystérieuses de cette vie, ou plutôt c'est aveugler l'âme pour qu'elle ne connaisse plus les splendeurs toujours rayonnantes que le Créateur a placées pour elle dans le firmament du monde intelligible! Or, la philosophie rationaliste, d'une part; de l'autre, l'hérésie, et, à leur suite, le sensualisme, par leur langage tantôt savant, tantôt populaire, toujours habile et perfide, viennent aveugler notre âme et lui dérober Dieu, l'Église, le Ciel : tout son bien, toute sa destinée !

Que dit, en effet, l'erreur philosophique sur le principe dont nous procédons? Elle dit, messieurs, que ce principe, après nous avoir donné l'être, ne nous gouverne que d'une manière générale et par l'effet d'une combinaison de lois auxquelles il ne déroge jamais en faveur des individus; que, par conséquent, les miracles sont absurdes et impies, que la prière est inutile et même sacrilége, les expiations insensées, le culte extérieur et public surérogatoire et superstitieux. L'erreur philosophique dit encore que nous ignorons la vie de Dieu, sa vie intime; que Dieu n'est appelé Père, Fils et Saint-Esprit, que pour rendre plus marqués et plus sensibles ses principaux attributs, et nullement pour désigner en lui une seule essence et trois personnes égales et distinctes ; que la Trinité serait, dans le sens des chrétiens, un mystère contradictoire, et qu'il faut, avant tout, rejeter les mystères, par la raison qu'ils répugnent à l'esprit de l'homme ; que l'ordre tout entier des mystères est un ordre de chimères, bon, tout au plus, pour des peuples enfants, pour des religions primitives, et que le progrès philosophique fera bientôt disparaître ; que, par conséquent, l'homme ne porte pas en lui le caractère de fils de Dieu le Père, de frère de Dieu le Fils, de temple et de sanctuaire de Dieu le Saint-Esprit ; qu'il n'y a pas de sanctification des âmes par la grâce ; que la chute originelle et la réparation de cette chute par un Dieu qui s'incarne et meurt, victime volontaire offerte à la justice de Dieu et appelant sur nous sa miséricorde, sont des mythes ou de purs symboles; que la raison suffit à les expliquer, à leur donner un sens naturel, à les réduire à leur exacte valeur, selon les bornes de l'esprit humain ; en un mot, l'erreur philosophique nie la révélation, l'ordre surnaturel, l'élévation de l'homme jusqu'à Dieu par la grâce; place Dieu dans les profondeurs inaccessibles de son être, et l'homme dans le domaine du monde visible et de cette région très-bornée des idées qu'éclaire la raison livrée à elle-même. L'erreur philosophique dit : Dieu est Dieu, et les philosophes sont ses seuls prophètes. La mission des philosophes est d'enseigner que la raison peut tout, qu'elle se suffit à elle-même et que la recherche des rapports surnaturels avec Dieu est la plus impuissante et la plus dangereuse des illusions.

Messieurs, je n'ai cité aucune parole expresse, mais vous avez reconnu le langage du rationalisme. C'est ainsi qu'il parle dans les livres, dans les journaux, dans les entretiens, sous toutes les formes d'expression et de publicité qu'il s'est données. C'est par un tel langage qu'il rend l'homme étranger à Dieu et Dieu étranger à l'homme. C'est ainsi qu'il nous trompe sur le principe de notre être et sur le caractère essentiel de notre vie.

Après l'erreur philosophique sur le principe, vient l'erreur hérétique sur le moyen.

L'hérésie de nos jours, c'est, à proprement parler, le protestantisme. Or l'hérésie protestante, tout en admettant, quand elle est fidèle à ses pères, la Trinité, l'Incarnation et la Rédemption, c'est-à-dire le principe surnaturel de l'homme, les bases fondamentales du christianisme, rejette le moyen par lequel le christianisme nous conduit à notre fin, savoir : l'Église. Pour ces hérétiques, l'Église n'est pas essentiellement visible, d'où il suit qu'elle n'est pas essentiellement à l'état social et que l'individu n'y relève que de lui-même et de Dieu. Le Saint-Esprit, dans ce système, éclaire chaque fidèle et le guide de telle sorte que, sans avoir recours à l'enseignement du corps des Pasteurs, chaque fidèle peut interpréter la Bible, seul et unique dépôt de la Révélation que reconnaisse le protestantisme. Le libre examen se substitue ainsi au principe d'autorité, et le rationalisme s'unit à la foi pour constituer l'hérésie protestante.

Je n'ai pas ici dessein de réfuter ce système. Vous n'ignorez pas, en effet, messieurs, qu'il pèche par la base, puisqu'il rejette la tradition sans laquelle l'hérésie ne posséderait pas les Écritures comme un livre authentique, intègre et inspiré. Vous savez qu'il est nouveau et ne vient point des apôtres, ni conséquemment du Christ; que les textes les plus formels de l'Évangile, où l'Église est désignée comme une société enseignante qu'il faut nécessairement écouter, le condamnent, et qu'il se condamne d'ailleurs lui-même par ses divisions sans nombre et par l'incrédulité complète à laquelle il aboutit. Mais je veux vous montrer qu'il affaiblit par son action toujours hostile l'idée de l'Église parmi les catholiques peu instruits ou imprudents, et qu'il cherche à leur rendre l'Église suspecte et odieuse dans ses institutions, son gouvernement, ses lois et ses pratiques.

Depuis l'apparition de l'hérésie protestante, la prépondérance sociale de l'Église s'est affaiblie. Les rois, croyant servir leurs intérêts temporels, se sont méfiés de l'Église. Ils l'ont reléguée, par tous les moyens, dans le domaine purement spirituel. Ils ont créé au Saint-Siége de nombreux embarras; ils lui ont opposé des lois, des coutumes, des déclarations hostiles; ils ont sécularisé, comme on dit aujourd'hui, le pouvoir. Instruits par ces exemples, les peuples ont pensé que l'Église n'était pour eux qu'un instrument de servitude, et ne l'ont plus ni prise pour arbitre, ni seulement consultée dans leurs différends avec les rois. Peu à peu cette opinion s'est accréditée que l'Église n'entendait rien, ne pouvait rien entendre aux choses de ce monde, et enfin, dans ces derniers temps, que le gouvernement temporel des papes était absolument mauvais et s'opposait à tout progrès légitime, à toute liberté juste, à toute amélioration utile ou nécessaire. De là, messieurs, la déconsidération jetée sur le Pape, vicaire de Jésus-Christ; sur l'épiscopat, étroitement uni au Pape; sur les prêtres, docilement soumis aux évêques, en un mot, sur tous les membres du corps sacerdotal. De là, nécessairement, une moindre déférence pour le pouvoir spirituel, pour les bulles, les encycliques pontificales, les décrets des congrégations romaines, les mandements des évêques et les avertissements des pasteurs secondaires. Ce dont nous sommes actuellement témoins est le fruit des révolutions, ou, pour mieux dire, de LA RÉVOLUTION. Mais la Révolution n'est-elle pas le fruit du protestantisme? Donc, la suspicion jetée sur l'Église, le mépris déversé à pleines mains sur l'Église, le gouvernement de l'Église entravé par tous les moyens, tout cela, le protestantisme seul l'a fait. C'est de lui que procède le langage d'erreur qui retentit partout, dans les livres, les brochures, les journaux, les revues, les pamphlets, les romans, les ouvrages dramatiques; ce langage qui dit sans cesse que le grand empêchement, c'est l'Église; que le grand mal « qu'il faut extirper, » c'est l'Église; que l'Église est inutile, ou que, si l'on veut une Église, il faut à chaque pays une Église d'État, dépendante des lois humaines et se faisant l'humble servante du pouvoir temporel; qu'une Église de ce genre suffit à l'homme pour qu'il soit chrétien, pour qu'il vive conformément à la volonté de Dieu et possède l'espérance du salut éternel. Telle est, messieurs, en résumé, l'erreur sur le moyen que Dieu a donné à l'homme pour que l'homme atteigne sa fin. Examinons maintenant l'erreur sur la fin elle-même et le langage de cette erreur parmi nous.

Le sensualisme, d'accord avec le rationalisme et l'hérésie pour fausser l'idée de Dieu et abattre l'autorité de l'Église, vient à son tour, et nous trompe sur le but de nos destinées. Il ne croit pas à la vie future des élus et des saints dans le ciel. L'immortalité de l'âme lui paraît au moins douteuse, la résurrection des corps, impossible. Il ne cherche pas à sonder le mystère de la mort; la vie présente l'occupe uniquement. « Le ciel, dit-il, est sur la terre, car le progrès matériel et moral, la civilisation sans cesse croissante, doivent donner à l'humanité tout ce qu'exige sa nature : l'instruction, l'éducation, la santé, la liberté, l'aisance, le bien-être ! Au lieu de dire avec saint Paul que « nous n'avons pas « ici-bas de cité permanente, mais que nous « cherchons celle qui le sera : » *non habemus hic manentem civitatem, sed futuram inquirimus*[1], il dit qu'il faut établir sur la terre

---

[1] *Hebr.*, XIII, 14.

toutes les espérances de l'homme. L'homme veut la lumière : donnez à l'homme les sciences pour l'œil de son âme, le gaz et l'électricité pour l'œil de son corps. L'homme veut le repos et la paix : perfectionnez les machines qui abrégent le travail et multiplient les produits. L'homme veut la félicité : donnez-lui des habitations commodes, une nourriture abondante et saine, des fêtes, des spectacles, des plaisirs conformes à ses instincts naturels. L'homme veut vivre toujours : rendez la médecine plus savante, plus expérimentée, les remèdes plus efficaces ; prolongez la vie de l'homme, et promettez à son nom, après la mort, la renommée et la gloire. Que le corps de l'homme soit brûlé, après sa mort, et que ses cendres soient conservées dans une urne par les différentes familles, avec une inscription commémorative. Il n'y a pas pour l'homme de plus sûre ni de plus agréable immortalité! Voir Dieu face à face; devenir, par l'effet de cette vision béatifique, semblable à Dieu; vivre de sa vie, jouir de son bonheur, et, pour arriver à ce but, mépriser la terre; « chercher, comme « le veut l'Évangile, avant toute chose, le « royaume de Dieu et sa justice, et n'attendre « le reste que comme un surcroît donné provi- « dentiellement[1], » quelle folie! Le temps des illusions mystiques est passé. Maintenant nous aimons le réel, le positif. De même que l'enfer est sur la terre par la souffrance et la pauvreté, ainsi le ciel est également sur la terre par la fortune et le plaisir.

Vous avez, messieurs, entendu cent fois ce langage. Chaque jour des prophètes bien connus osent le tenir devant la France catholique et devant l'Europe chrétienne. Qui pourrait calculer le scandale qui en résulte? Animons-nous, messieurs, d'un saint zèle. Concevons, par la grâce du Saint-Esprit, la bonne parole, la parole de vérité, et faisons-la retentir aux oreilles séduites et trom-

[1] Matth., vi, 33.

pées du monde : *Eructavit cor meum verbum bonum*[1]. O Dieu ! roi de la vérité, voici nos œuvres d'accord avec notre langage. Recevez pour votre gloire, et comme une réparation des insultes qui vous sont faites, ce tribut de la vérité confessée sans crainte devant les hommes : *Dico ego opera mea Regi*[2] !

Messieurs, cette confession de la vérité, « cette langue nouvelle » que vous devez parler en présence du monde, demande de votre part tout à la fois du courage et de la prudence. Je dis du courage, car il faut, pour affirmer la vérité, braver le respect humain, aller à l'encontre des préjugés, des opinions, des habitudes prises déjà depuis longtemps et de l'autorité accordée généralement aux docteurs du mensonge. Ils sont puissants, et vous ne l'êtes pas. Ils ont à leur service une publicité dont la vôtre ne peut guère contrebalancer le poids et les effets. Ils plaisent aux passions mauvaises, et vous venez re-

---

[1] Ps., XLIV, 2. — [2] *Ibid.*

fréner ces passions. Mais souvenez-vous de votre condition : vous êtes chrétiens ! Si vous rougissez de Jésus-Christ devant les hommes, il rougira de vous devant son père ; si vous le confessez devant les hommes, il vous confessera devant les anges de Dieu : *Quicumque confessus fuerit me coram hominibus, et Filius hominis confitebitur illum coram angelis Dei*[1].

Je dis ensuite que cette confession requiert de la prudence. Il n'est pas bon de dire à tous et toujours la vérité. Sans doute, jamais il ne la faut trahir, mais ce n'est pas la trahir que de ne la produire point en présence des indignes. « Ne jetez pas, dit en ce sens l'Évangile, vos perles aux pourceaux : » *neque mittatis margaritas vestras ante porcos*[2]. Ainsi, messieurs, discernez avec soin quand et comment vous devez parler, et que la vérité confessée à propos et avec courage produise son fruit dans les âmes.

[1] Luc., xii, 8. — [2] Matth., vii, 6.

DEUXIÈME CONFÉRENCE. 79

Ces conditions une fois posées, voici, messieurs, le langage de vérité dont le monde a besoin et que vous devez lui tenir, si vous voulez vous opposer efficacement au langage de l'erreur :

Dire sur Dieu, sur l'Église, sur la vie future, nettement, simplement, avec force et douceur, ce que la foi nous enseigne.

Sur Dieu, qu'il est un seul Dieu et qu'il y a en lui trois personnes, le Père, le Fils et le Saint-Esprit; que ce Dieu n'est pas seulement auteur de la nature, mais de la grâce, c'est-à-dire d'un ordre infiniment supérieur à celui de la nature, et par l'effet duquel nous sommes d'abord sanctifiés pour arriver ensuite à voir Dieu face à face et à le posséder cœur à cœur, ou, comme le dit l'apôtre saint Pierre, « à devenir participants de la nature divine : » *divinæ consortes naturæ*[1] ; que ce Dieu nous a rachetés par son Fils Jésus-Christ; que ce Fils s'est fait homme sans cesser d'être Dieu

[1] II Petr., I, 4.

et qu'il est ressuscité le troisième jour : « Il est mort après avoir été livré pour nos péchés; il est ressuscité pour notre justification : » *traditus est propter delicta nostra, et resurrexit propter justificationem nostram*[1]; que le Saint-Esprit nous illumine, nous fortifie, nous console, nous sanctifie; qu'il habite en nous, que nous sommes les temples de Dieu quand nous sommes saints : « Si quelqu'un m'aime, dit Notre-Seigneur, il gardera mes commandements; et mon Père l'aimera, et nous viendrons en lui, et nous ferons en lui notre demeure : » *si quis diligit me, sermonem meum servabit, et Pater meus diliget eum, et ad eum veniemus, et mansionem apud eum faciemus*[2]; » que Dieu gouverne le monde par sa providence; qu'il exige de l'homme un culte intérieur, « en esprit et en vérité[3], » et un culte extérieur que tous lui doivent dans son saint temple : *Et in templo ejus omnes dicent*

---

[1] *Rom.*, IV, 25. — [2] *Joan.*, XIV, 23. — [3] *Joan.*, IV, 24.

*gloriam*¹; que Dieu ordonne la prière et qu'il l'exauce quand elle est bien faite; qu'il opère des miracles : *Fecitque signa atque prodigia*², et qu'il les opère par ses saints quand il lui convient de le faire : *Mirabilis Deus in sanctis suis*³; enfin que ce Dieu n'est pas loin de nous, puisqu'il nous assiste et nous aime, et que « nous vivons, que nous agissons, que nous sommes en lui : » *in ipso enim vivimus, et movemur, et sumus;* et, ce qui est plus grand, « que nous sommes sa race et sa famille : » *ipsius enim et genus sumus*⁴.

En second lieu, sur l'Église, affirmer que quiconque ne l'écoute pas doit être tenu pour « un païen et un publicain : » *Si quis Ecclesiam non audierit, sit tibi sicut ethnicus et publicanus*⁵; que Dieu est avec son Église chaque jour pour ne l'abandonner jamais : *Ecce ego vobiscum sum usque ad consummationem sæculi*⁶; qu'elle est l'arche du salut,

---

¹ Ps., xxviii, 9. — ² *Deut.*, vi, 22. — ³ Ps., lxvii, 36. — ⁴ *Act.*, xvii, 28. — ⁵ Matth., xviii, 17. — ⁶ Matth., xxviii, 20.

la maison de Dieu, le vestibule du ciel, l'épouse de Jésus-Christ, son corps mystique, et que dans ce corps tous n'ont pas la même fonction; qu'il y a des pasteurs et des docteurs qu'il faut entendre et auxquels il faut obéir : *Dedit quosdam..... pastores et doctores*[1]; que le siége apostolique est le siége de Pierre où cet apôtre est toujours vivant par ses successeurs les pontifes romains, et que le pape possède de droit divin, dans l'Église, la primauté d'honneur et de juridiction; qu'il est le docteur de tous les chrétiens[2]; qu'il est le pasteur, non-seulement des agneaux, c'est-à-dire des fidèles, mais encore des brebis, c'est-à-dire des évêques eux-mêmes, et que tous lui doivent le respect, l'obéissance et l'amour; que l'Église est une société visible, ayant des droits sociaux et publics, et une action indispensable sur les choses temporelles au milieu desquelles elle vit et dont elle use pour sa

---

[1] *Eph.*, iv., 11. — [2] Concil., Florent.

subsistance et son culte; qu'elle est l'âme des peuples chrétiens, la protectrice de leurs droits, la provocatrice de leurs devoirs, et que les rois eux-mêmes, baptisés par elle, sont tributaires de ses lois et de ses décrets; que l'idéal d'une société serait l'union harmonique de l'Église et de l'État dans la distinction de ces deux forces, de ces deux puissances, et qu'au lieu de pousser à leur séparation, il est bon que les hommes sages et pieux poussent à leur union et fassent une guerre incessante à l'esprit de révolution et d'impiété qui défigure depuis si longtemps la société chrétienne; que l'Église est avant tout le reste dans la pensée de Dieu, et que la Providence dispose toutes choses dans le temps pour qu'elles concourent au bien de l'Église ici-bas et à son triomphe dans le ciel; qu'il faut aimer l'Église, la servir et ne l'oublier jamais. O Église de Jésus-Christ, ô mère des chrétiens, porte du séjour de la paix, ô vision anticipée des splendeurs de Dieu, « puisse ma langue s'attacher à mon palais si jamais je t'oublie! » *Adhæreat lingua mea faucibus meis, si non meminero tui*[1] *!*

Enfin, messieurs, sur la vie future, affirmer qu'il y a un ciel, séjour de Dieu, des anges et des saints, où les élus sont reçus par les mérites de Jésus-Christ et leurs bonnes œuvres, et que la seule chose nécessaire, c'est de gagner ce ciel : *Porro, unum est necessarium;* que l'enfer, un enfer éternel, est réservé à tous ceux qui n'auront pas voulu gagner le ciel; que dès maintenant les chrétiens doivent établir, par l'espérance et par la charité, leur cœur dans le ciel : *Ut ibi nostra fixa sint corda, ubi vera sunt gaudia*[2]*;* que les biens de la terre passent, qu'ils ne satisfont point le désir insatiable de béatitude que Dieu a mis en nous, et que la doctrine sensualiste, qui fait de la terre un paradis, est une doctrine immonde, bonne tout au plus pour les animaux sans raison, et

---

[1] Ps., cxxxvi, 6. — [2] S. Léon.

que les païens honnêtes savaient eux-mêmes rejeter avec mépris et indignation !

Vous le voyez, messieurs, ce langage de la vérité, « ce langage nouveau » pour le monde et pour les docteurs qui le trompent, c'est le langage du Credo catholique. Nous le récitons tous les jours, mais presque jamais nous n'osons le proclamer en face des incrédules et des indifférents! Et pourtant, qu'il est beau, qu'il est harmonieux, qu'il est suave ce langage de la vérité ! C'est Dieu lui-même qui nous a appris à le parler ou plutôt à le chanter, car n'est-ce pas un chant, en effet, que cette profession de foi où la voix mâle des apôtres, des martyrs et des confesseurs se mêle à la voix élevée, tendre et pure des saintes femmes et des vierges, à la voix naïve des enfants eux-mêmes, après les solennels préludes des prophètes d'autrefois, à travers la durée des siècles, dans les vastes domaines de l'espace, sous les voûtes retentissantes du ciel, en présence de Dieu et de ses

Anges? Oui, c'est un chant, c'est un hymne, c'est le cantique nouveau : *Canticum novum*[1] ! Heureux qui connaît ce langage et ce chant ; plus heureux qui le fait connaître et aimer d'un siècle qui l'ignore et qui, dès-lors, ne sait plus ni le principe, ni la fin de l'homme, ni le moyen prédestiné à donner à l'homme le salut et la vie !

Que ce soit votre œuvre, messieurs, de chanter ce cantique, de parler ce langage nouveau de la vérité : *Linguis loquentur novis*, et de compléter l'harmonie de cette sainte et féconde parole par les accents de la charité, langue non moins inconnue du monde que celle de la vérité, langue que le Christ votre maître a parlée et qu'il vous a apprise pour que le monde l'entendît et la reçût de vous : c'est le sujet d'une seconde réflexion.

[1] *Apoc.*, v, 9.

II

Le langage du monde est un langage de haine qui divise les cœurs. Ce langage est l'expression de la triple haine des partis, des intérêts, des oppositions de caractère. Il suit de là, messieurs, que le langage des enfants de Dieu doit être un langage exempt de passion, dépouillé de toute jalousie, rempli de bienveillance; un langage supérieur, par les idées, aux questions étroites de parti; supérieur, par les tendances, aux prétentions mesquines des intérêts; supérieur, par l'estime de l'homme, aux défauts et aux misères des individus.

Je n'ai pas dessein de blâmer ici tel ou tel

parti. Dieu me garde de manquer au devoir dont je viens de poser la règle! Il est des partis honnêtes, résultant de convictions fortes et dignes, toujours respectables, et s'il en est de dangereux et de mauvais, le moyen de les convertir à la justice ne consiste pas à les poursuivre par d'amères attaques. Je ne veux donc être fâcheux à personne au sujet du parti auquel il s'est donné. Mais je dis que les partis, en tant que partis, divisent et détruisent la société; qu'ils sont difficilement chrétiens, parce que difficilement ils maintiennent entre eux les liens de la charité du Sauveur. Je dis qu'ils sont étroits, parce qu'ils substituent presque toujours aux principes généraux et aux idées communes, des principes particuliers, des idées locales, et à la vérité, le préjugé. Il arrive ainsi que les hommes appelés à la même foi religieuse, à la même destinée surnaturelle, se poursuivent, s'attaquent par toutes les armes de la polémique et se détestent sans espoir de se réconcilier jamais. Or, messieurs, Dieu vous envoie porter des paroles de paix à ces fiers ennemis. Montrez-leur d'abord, en les visitant, en les traitant avec honneur, avec bonté, que vous les aimez d'un amour meilleur que celui qu'ils connaissent, de cet amour dont Dieu nous aime tous et qui le porte à vouloir nous sauver tous : *Deus omnes homines vult salvos fieri*[1]; de cet amour qui a fait mourir Jésus-Christ sur la croix et lui a fait répandre son sang en faveur du monde entier : *Pro omnibus mortuus est*[2]; de cet amour qui réunit les hommes, sans distinction d'origine ni de condition, dans l'Église, corps mystique du Christ dont nous sommes les membres, union magnifique, proclamée par saint Paul en ces termes : « Il n'y a plus ni Juif ni gentil, plus d'esclave ni d'homme libre, plus d'homme ni de femme, mais vous n'êtes tous qu'un en Jésus-Christ : » *non est Judæus neque Græcus;*

---

[1] I *Tim.*, ii, 4. — [2] II *Cor.*, v, 15.

non est servus neque liber; non est masculus neque femina : omnes enim vos unum estis in Christo Jesu[1]. Les partis semblent dire, comme les chrétiens de Corinthe, celui-ci : « Moi, je suis à Paul; l'autre : Moi, je suis à Apollon; un troisième : Moi, je suis à Céphas; un quatrième enfin : Moi, je suis à Jésus-Christ. » Répondez aux partis, comme Paul aux Corinthiens : « Jésus-Christ est-il donc divisé? Est-ce que Paul a été crucifié pour vous? ou avez-vous été baptisés au nom de Paul[2]? » Ramenez les partis aux idées chrétiennes, à la fraternité de l'Évangile; chantez à leur oreille surprise et à leur cœur ému le cantique de l'unité au sein de l'Église, dans les bras de cette généreuse mère qui nous a tous nourris du lait de sa doctrine et de sa charité : « Qu'il est bon, qu'il est doux que les frères habitent ensemble! La paix fraternelle est comme le parfum versé sur la

---

[1] *Gal.*, III, 28. — [2] 1 *Cor.*, I, 12 et 13.

tête d'Aaron, qui descendit sur son visage et se répandit sur le bord de son vêtement ; comme la rosée d'Hermon, qui descendit sur la montagne de Sion. Ainsi descend sur eux la bénédiction du Seigneur, et la vie pendant l'éternité[1]. » Loin de vos lèvres, messieurs, les dures paroles, les maximes qui blessent. Ne soyez d'aucun parti, ou ne faites paraître en vous aucune opposition de parti. Sachez « vous faire tout à tous, » pour gagner tous les hommes à Jésus-Christ : *Omnibus omnia factus sum, ut omnes facerem salvos*[2]. Cette parole de paix, au milieu des guerres incessantes des partis, triomphera bientôt, et, à la faveur de la paix, la justice s'établira sur la terre. Nous verrons alors de nos yeux la grande réconciliation dont parle le Prophète : « La miséricorde et la vérité se sont rencontrées, la justice et la paix se sont embrassées. La vérité a germé de la terre, la justice a re-

---

[1] Ps., cxxxii. — [2] I *Cor.*, ix, 22.

gardé du haut du ciel. Le Seigneur répandra sa bénédiction, et notre terre donnera son fruit[1]. » Que ce soit là votre œuvre, messieurs et mes frères, car c'est l'œuvre de l'Évangile, et c'est pour cela que Jésus-Christ est venu : « Qu'ils soient UN, disait-il, comme vous et moi, ô mon Père, nous sommes UN ! » *sint unum, sicut et nos unum sumus*[2] !

Après avoir apaisé les haines de parti, vous étoufferez, messieurs, les guerres non moins désastreuses d'intérêt. Au langage fratricide de la cupidité jalouse, vous opposerez le langage réconciliateur du désintéressement. « La charité, nous dit saint Paul, ne cherche pas ce qui lui appartient : » *charitas non quærit quæ sua sunt*[3]. A ces hommes insatiables, à ces dévorateurs du lucre qui voudraient ne rien laisser aux autres hommes et qui ne craignent pas de s'enrichir des pertes d'autrui, dites en parole, et surtout en action, en exemples,

---

[1] Ps., LXXXIV, 11, 12 et 13. — [2] Joan., XVII, 22. — [3] I *Cor.*, XIII, 5.

que « Jésus-Christ, de riche qu'il était, s'est fait pauvre afin que nous fussions riches nous-mêmes de sa pauvreté : *propter vos egenus factus est, cum esset dives, ut illius inopia vos divites essetis*[1]. Ayez parmi les hommes la réputation d'un sincère désintéressement. N'entravez pas les projets de vos frères, ne leur faites pas obstacle ; effacez-vous plutôt pour laisser la voie libre devant eux. Le Sauveur nous recommande expressément cette conduite. « Si quelqu'un, dit-il, veut vous faire un procès pour avoir votre robe, abandonnez-lui aussi votre manteau ; et si quelqu'un veut vous obliger à faire mille pas avec lui, faites-en encore deux autres mille[2]. » Trop souvent, hélas ! les personnes chrétiennes manquent de désintéressement. Elles rendent alors leur vie, d'ailleurs régulière et pure, infructueuse sous le rapport de l'édification. Eh quoi ! vous seriez disciples de Jé-

---

[1] II *Cor.*, viii, 9. — [2] Matth., v, 40 et 41.

sus-Christ et vous ne rechercheriez pas avant toute chose les âmes qu'il aime, qu'il demande uniquement? Vous préféreriez des biens terrestres et périssables à la gloire de votre Dieu par le salut des âmes? Mais ce sont les âmes que Jésus-Christ vous demandera un jour. Gagner des âmes à tout prix, c'est un précepte pour tous les chrétiens. Ce n'est pas aux prêtres, en tant que prêtres, qu'il a été dit: « Vous prendrez soin de votre prochain; » c'est à tous les fidèles, à tous les hommes : *Mandavit Deus unicuique de proximo suo*[1]. Pourriez-vous préférer votre or et tous vos biens au bien éternel des âmes? Pour les âmes Jésus a donné son sang! Soyez donc désintéressés, parlez la langue du désintéressement. Tandis que le monde semble dire chaque jour : Prenez les âmes, donnez-moi tout le reste ; dites comme Abraham : « Donnez-nous les âmes et prenez tout le reste : » *da mihi animas, cætera tolle tibi*[2].

[1] Eccli., xvii, 12. — [2] Gen., xiv, 21.

Or, pour aimer ainsi les âmes, il faut les connaître à la lumière de la foi. Vous ne les aimerez point si vous ne les regardez qu'à la faveur de vos lumières naturelles. Car alors vous les verrez avec leurs défauts, leurs infirmités; alors elles seront pour vous un sujet d'antipathie. Le monde les considère de la sorte, et c'est pourquoi il est plein d'antipathies. Dans le monde, on ne sait pas se supporter, on se repousse, on se fuit. Dans les rangs des vrais chrétiens, au contraire, on s'estime, on se considère, on s'honore mutuellement : « La charité supporte tout, » dit saint Paul : *omnia suffert*[1]. Mon frère, cette personne qui vous est odieuse à cause de son humeur, de ses prétentions, de ses lenteurs, de son ignorance, que sais-je? à cause des mille imperfections de l'humanité, cette personne vous deviendrait chère et toute aimable si vous saviez voir en elle un enfant de Dieu, un membre du corps de Jésus-Christ, un ta=

[1] I *Cor.*, xiii, 7.

bernacle de l'Esprit-Saint, un frère, une sœur que Dieu appelle au même héritage que vous, et qui peut-être y parviendra, tandis que cette grâce vous sera refusée! Qu'il est grand, qu'il est magnifique, qu'il est touchant pour le cœur l'homme considéré selon les pensées de la foi! Il apparaît à l'œil intérieur comme une fidèle image de Dieu, avec le caractère de chrétien gravé en lui par le Saint-Esprit, avec le vêtement splendide des mérites du Rédempteur, et entouré des anges qui le servent et lui présentent la couronne de gloire qui lui est destinée. Dans une telle vision, les formes secondaires, accidentelles, disparaissent pour faire place à la seule figure, au seul type de l'Homme-Dieu, qui se dégage des scories et des ombres de l'humanité. C'est le Christ que vous voyez alors; car qu'est-ce que le chrétien, disent les Pères, sinon un autre Jésus-Christ? *Alter Christus christianus.*

Or, messieurs, en considérant de la sorte

vos frères, vous les aimerez d'un amour indulgent, patient, plein de longanimité. Vous saurez excuser leurs faiblesses, tolérer leur humeur fâcheuse, dissimuler leurs travers, et ne vous exprimer au sujet de ces défauts, dont vous n'êtes pas exempts, car vous êtes hommes, qu'avec une respectueuse tendresse, une invincible patience, une souveraine charité. Si Dieu nous supporte et s'il nous aime, ne devons-nous pas nous supporter et nous aimer les uns les autres? Nous sommes bien sévères pour exiger de la Providence des attentions et des respects sans fin, et la Providence obéit à nos volontés : *Cum magna reverentia disponis nos*[1] ; mais nous sommes bien faibles à l'égard de nous-mêmes pour nous délivrer de toute charge quand il s'agit de nos frères ! Le monde a besoin, messieurs, de cet élément de la bonté surnaturelle, et vous êtes chargés de le lui donner.

[1] *Sap.*, xii, 18.

Ayez des idées larges, au-dessus et en dehors des idées de parti;

Soyez désintéressés et généreux;

Supportez votre prochain, aimez en lui, non ses défauts, mais l'œuvre de Dieu, toujours belle et toujours aimable.

Parlez un langage conforme à cet amour : Jésus-Christ vous envoie pour parler, dans ce sens, la langue nouvelle qu'il a inaugurée en venant parmi les hommes : *Linguis loquentur novis*.

Il vous donne lui-même, dans le très-saint sacrement où vous l'adorez, l'exemple et la grâce de la parole de vérité et de la parole de charité.

Dans l'Eucharistie, en effet, il est toujours le Verbe de Dieu, le Verbe éternel, universel, « qui éclaire tout homme venant en ce monde[1]; » le Verbe qui exprime toute vérité en exprimant Dieu et en appelant l'homme pour l'unir à Dieu. Il est le Verbe de la société de Dieu avec les hommes, du seul sys-

[1] Joan., I, 9.

tème qui soit vrai absolument, toujours et partout! Il est le Verbe du monde surnaturel, le Verbe du Père, le Verbe qui nous a mérité la grâce après notre chute, le Verbe qui a fait des miracles et qui, par ses disciples, en produit encore. Il est le médiateur, le sauveur. « Il est la voie, la vérité, la vie[1]. » C'est lui qui a fondé l'Église, qui l'a autorisée, qui l'assiste. C'est par lui que « nous avons accès auprès du Père[2], » et que nous arrivons à notre fin, au ciel, à la béatitude dans le sein de Dieu, non-seulement selon notre âme, mais encore selon notre corps. Il doit, en effet, nous ressusciter un jour : « Il est « la résurrection et la vie[3]. » L'Eucharistie où il se donne en nourriture, est pour nous un principe et un gage de résurrection : *Qui manducat meam carnem et bibit meum sanguinem, habet vitam æternam : et ego ressuscitabo eum in novissimo die*[4]. Donc, Jésus-

---

[1] Joan., xiv, 6. — [2] Rom., v, 2. — [3] Joan., xi, 25. — [4] Joan., vi, 55.

Christ dans l'Eucharistie nous prêche la vraie notion de notre principe, de notre fin, et du moyen qui nous conduit à notre fin. Écoutez ce Verbe et sachez redire son langage au monde qui ne le connaît pas : *Ipsum audite*[2] !

Dans l'Eucharistie, le Verbe incarné nous prêche le désintéressement, car il s'oublie lui-même pour se donner tout à nous. Il devient notre aliment et notre vie, sous la forme la plus humble, sous les apparences du pain, de ce pain que nous récoltons après l'avoir semé et que tous ont le droit de manger à la sueur de leur front.

Dans l'Eucharistie, Jésus-Christ est encore, comme autrefois, accessible aux ignorants, aux faibles, aux pécheurs eux-mêmes. Il ne repousse personne; il dissimule, il voile sa splendeur pour ne pas éclairer d'un jour trop cruel nos taches et nos meurtrissures.

---

[2] Luc., ix, 35.

Contemplez, messieurs, ce Dieu de vérité et de charité! Sachez l'entendre, dans vos longues et intimes adorations. Imitez ensuite ce que vous adorez, ce que vous servez avec amour : *Imitamini quod tractatis;* et, s'il est vrai que le langage ne soit que l'expression de l'âme, parlez devant le monde le langage d'une âme toute empreinte de la vérité et de la charité de Jésus-Christ, c'est-à-dire le langage nouveau, pour forcer au silence le vieux et hostile langage de l'erreur et de la haine!

TROISIÈME CONFÉRENCE

DE L'ACTION DES ADORATEURS DU TRÈS-SAINT SACREMENT
CONTRE LA FAUSSE PRUDENCE DU MONDE.

Expliquons maintenant, messieurs, ces autres paroles de notre texte par lesquelles le Fils de Dieu nous donne le pouvoir d'enlever les serpents : *Serpentes tollent*. Littéralement, elles signifient que les apôtres toucheront les serpents, les prendront et les détruiront sans en recevoir aucun dommage. C'est ce qui arriva pour saint Paul, dans l'île de Malte, après la grande tempête qu'il avait essuyée. « Les barbares, dit saint Luc au livre des

Actes, nous traitèrent avec une grande douceur; car ils allumèrent un feu et nous réchauffèrent à cause de la pluie et du froid. Paul ayant amassé quelques sarments, et les ayant mis au feu, une vipère que la chaleur fit sortir, s'élança sur sa main. Quand les barbares virent cette bête suspendue à sa main, ils se dirent les uns aux autres : Cet homme est sans doute un meurtrier, puisqu'après avoir échappé du naufrage, la vengeance divine ne lui permet pas de vivre. Et Paul ayant secoué la vipère dans le feu, il n'en souffrit aucun mal. Et les barbares s'imaginaient qu'il enflerait et qu'il tomberait mort tout à coup ; mais, après avoir attendu longtemps, voyant qu'il ne lui arrivait point de mal, ils changèrent de sentiment, et dirent que c'était un Dieu [1]. »

J'ai voulu, messieurs, rapporter ce fait entre beaucoup d'autres, afin de bien établir

---

[1] *Act.*, xxviii, 1 et seq.

devant vous la réalité et l'importance du sens littéral de ces paroles : « En mon nom... ils enlèveront les serpents : » *in nomine meo... serpentes tollent*. Voilà, par l'effet du pouvoir divin confié aux propagateurs de l'Évangile, l'Apôtre des nations sauvé d'une mort cruelle, soustrait aux jugements défavorables des peuples qu'il vient convertir, et préparé, par un miracle qui les étonne, à rendre son ministère fructueux pour leurs âmes.

Mais, conformément à ce que nous avons fait dans les précédentes intructions, nous exposerons, selon le sens spirituel, le pouvoir donné aux apôtres contre les serpents. Et ici, messieurs, nous marcherons encore à la suite des docteurs et des Pères, car ils n'hésitent pas à donner à ce pouvoir, après le sens littéral propre, un sens métaphorique, un sens spirituel. « Les fidèles, dit saint Grégoire, lorsque par leurs pieuses exhortations, ils enlèvent du cœur de leur prochain la méchanceté, que font-ils autre chose sinon enlever les serpents? » *Qui dum bonis suis exhortationibus malitiam de alienis cordibus auferunt, serpentes tollunt*[1].

Mais, afin de bien entendre le sens spirituel de ces paroles le plus conforme à nos besoins et à ceux du monde, implorons, avant de commencer, le secours du Saint-Esprit par l'intercession de la très-sainte et immaculée vierge Marie. *Ave Maria.*

I

Le serpent est généralement présenté par la sagesse des anciens comme le type de la prudence. Notre-Seigneur lui-même recommande à ses apôtres d'être prudents, et il

---

[1] Homil. xxix, in Evang.

leur donne pour modèle le serpent : *Estote prudentes sicut serpentes*[1]. Toutefois, messieurs, la prudence recommandée aux apôtres ne peut être qu'une prudence analogue à celle du serpent, car le serpent est rusé et trompeur ; sa prudence est pleine de perfidie et ne doit servir de modèle aux hommes qu'autant qu'elle est ramenée au bien, à la vérité, à la justice, par la simplicité. Notre-Seigneur ne dit donc pas seulement à ses apôtres : « Soyez prudents comme les serpents, » mais il ajoute : « et simples comme les colombes : » *et simplices sicut columbæ*[2].

Seule la prudence du monde est semblable à la prudence du serpent. C'est une prudence de ruse et de tromperie ; elle contient un venin mortel qu'elle prépare pour nous perdre. Et telle est, messieurs, la prudence condamnée contre laquelle nous sommes envoyés quand le Sauveur nous dit « que nous enlève-

---

[1] Matth., x, 16. — [2] *Ibid.*

rons en son nom les serpents : « *Serpentes tollent.*

Cherchons d'abord à bien connaître cette prudence du monde; nous examinerons ensuite de quelle manière nous devons la poursuivre et l'anéantir.

L'apôtre saint Paul appelle la prudence du monde « la prudence de la chair, » et il dit que cette prudence « donne la mort : » *Prudentia carnis mors est*[1]. Il ajoute que c'est une prudence « ennemie de Dieu : » *Quoniam sapientia carnis inimica est Deo*[2]. Or, messieurs, par cette prudence de la chair, l'Apôtre entend, d'une part, la fausse sagesse des Juifs qui se confiaient dans leur titre d'enfants d'Abraham et dans les œuvres de la loi mosaïque, sans avoir l'esprit de cette loi, et, de l'autre, la sagesse des mondains qui vivent selon les pensées, les désirs et les sentiments de la chair,

---

[1] *Rom.* viii, 6. — [2] *Ibid.*, 7.

c'est-à-dire des passions, et selon les maximes que les passions formulent et proclament audacieusement dans le monde. Une telle sagesse est ennemie de Dieu, parce qu'elle est contraire au Saint-Esprit, dont les lumières sont des lumières de foi, dont les mouvements sont des mouvements de pureté et d'amour, destinés à nous conduire à la connaissance, au service et à la possession de Dieu, selon l'ordre de la grâce, et conformément aux dispositions surnaturelles du plan de la Providence à notre égard.

Écoutez saint Grégoire nous faisant la description et nous traçant le portrait de la prudence des mondains. «La sagesse de ce monde, dit-il, consiste à couvrir artificieusement son cœur, à voiler, sous des paroles trompeuses, ses véritables sentiments, à manifester comme vrai ce qui est faux : c'est là cette prudence que la jeunesse apprend par l'usage, et que les enfants reçoivent à prix d'argent dans les écoles. Ceux qui connaissent cette sagesse méprisent les autres avec orgueil; ceux qui l'ignorent, l'admirent, soumis et timides, dans les mondains qui en font profession ; car ils l'aiment, cette inique duplicité, tandis qu'ils ne la connaissent que sous le nom pallié d'urbanité! La fausse sagesse dont nous parlons, — continue le même docteur, — prescrit à ses obéissants disciples de chercher les souverains honneurs, de se réjouir dans la vanité de la gloire temporelle que l'on s'est acquise, de rendre pour le mal reçu un mal plus considérable, de ne jamais s'arrêter quand on ne trouve pas de résistance, et, si la force vient à manquer, de dissimuler, sous un air de bonté et de paix, tout ce que la méchanceté est incapable d'accomplir[1]. » — Quelle peinture, messieurs! Il est utile, je crois, de nous y arrêter, afin de la considérer plus attentivement.

Saint Grégoire caractérise en trois mots la prudence de la chair, la sagesse du monde:

---

[1] *Moral.*, lib. X, c. xvi, in c. 12 Job.

hypocrisie, ambition, cruauté; une hypocrisie basse, une ambition téméraire, une cruauté lâche et de sang-froid.

Et d'abord, une hypocrisie basse : un cœur qui se dissimule par mille artifices, des lèvres qui ne profèrent que des paroles menteuses; l'urbanité apparente, la haine réelle : *Cor machinationibus tegere, sensum verbis velare.... duplicitatis iniquitas nomine palliata diligitur, dum mentis perversitas urbanitas vocatur.* Et, en effet, messieurs, de quelque côté qu'on regarde le monde, il est facile de voir que le premier trait de son caractère et le premier résultat des leçons de sa philosophie, de sa prudence, c'est l'hypocrisie. Le monde prend les dehors d'une certaine religion qu'il n'a pas au fond du cœur; il professe des maximes d'honnêteté, de justice et d'honneur qu'il trahit en réalité chaque jour; il affecte une bonté, une tendresse, une sympathie en complet désaccord avec son égoïsme vrai. Sans exagération, le monde est l'incarnation même de l'hypocrisie.

Parlez-lui de Dieu : il reconnaît Dieu, il le confesse, il le proclame dans son langage, dans ses écrits, dans ses institutions. Il comprend, dira-t-il, la nécessité d'une religion, d'un culte, d'un sacerdoce. Le monde vous accordera même le dogme de la vie future. Certes, vous penserez que le monde est religieux et que les chrétiens ont tort de lui déclarer la guerre. Mais scrutez ce langage; quel est le Dieu du monde? Un Dieu qui ne se mêle pas de nos affaires, un Dieu dont les hommes instruits et bien posés n'ont pas besoin, un Dieu gardé en réserve pour le peuple, pour les petits, un Dieu qui préserve la science des savants, la richesse des riches, des coups de main audacieux des ignorants et des pauvres. Le Dieu du monde n'est qu'un instrument de règne, et sa religion n'est qu'une duperie publique. S'il en était autrement, messieurs, les mondains adresseraient des prières et des hommages à Dieu. Or, les mondains ne prient pas, ils ne prient jamais; leur vie tout entière s'écoule dans l'oubli pratique de Dieu. Donc, hypocrisie de religion de la part du monde.

Dans le monde, l'honneur n'est pas plus sincère que la religion.

Quelle est, Messieurs, sur la terre, la société religieuse où les hommes parfaits qui la composent fassent profession de connaître, d'aimer et de garder l'honneur avec autant de zèle, de passion et d'éclat que le fait le monde? Vous n'en trouverez aucune. L'honneur est le palladium du monde. Les mondains ont un noble cœur; pour eux, rien ne semble perdu quand l'honneur est sauf. Ils savent se battre pour l'honneur; ils tiennent l'honneur sous la garde d'un barbare préjugé : le duel! Eh bien! Messieurs, tout cela n'est pourtant que l'hypocrisie de l'honneur, car les dispositions intérieures du monde ne répondent nullement à ces nobles dehors. Il s'agit de bien garder son honneur devant les hommes, sans s'inquiéter de le garder devant Dieu. La vie privée est murée, dit-on; il s'y passe mille désordres. Le public n'en sait rien; dès lors on se proclame honorable et on affiche hautement des principes d'honneur. La fornication, l'adultère, le jeu, les spéculations frauduleuses, tous les péchés, quelquefois tous les crimes, souillent ces consciences que l'œil ne voit pas, mais que Dieu scrute de son regard indigné. Et quand les scandales se produisent pour nous détromper sur l'honneur du monde, il est aisé d'entrevoir ce qui se cache de noirceur sous les apparences menteuses de la probité, de l'honorabilité, de cette morgue de justice que les mondains affectent. Alors, on s'indigne et l'on dit : O hypocrisie! honneur du monde, tu n'est qu'un mot! Mais, hélas! on oublie ces leçons salutaires, et bientôt les illusions recommencent.

Ce qui devrait nous éclairer sur la fausse

sagesse du monde, c'est l'hypocrisie de ses sentiments. Le monde n'a pas d'amitié sincère. Il y a longtemps qu'un païen l'a dit : « Tant que vous serez heureux, vous compterez de nombreux amis ; mais si votre fortune s'obscurcit, vous resterez seul. » Le monde, en effet, n'engraisse d'adulations ses victimes que pour les immoler ensuite. Il dépouille les âmes, il leur enlève l'honneur, la paix, l'espérance même, et quand il les a dépouillées, il les abandonne, il ne peut plus les voir. Certaines fautes qui ne proviennent que des habitudes contractées parmi les mondains, ne trouvent jamais ni réparation, ni excuse, ni oubli devant le monde. Vivez en mondain, vous vous perdrez bientôt, et le jour où votre perte sera confirmée, le monde vous regardera comme un paria. Toutes les bourses et tous les cœurs vous seront fermés, quand vous aurez épuisé votre fortune et votre amour au service du monde ; et si vous pleurez, si vous gémissez sur vos malheurs, si vous revenez enfin à

Dieu qui seul vous restera fidèle, qui seul vous pardonnera et vous aimera, votre conversion même sera tenue pour suspecte ou tournée en dérision comme n'étant qu'une faiblesse ou qu'un expédient! Ce qui n'empêchera pas le monde de vanter les amitiés généreuses, les dévouements héroïques, les sentiments profonds, les attachements durables. Il fait métier de cette hypocrisie dans chacun de ses romans et de ses drames, et il réussit tellement à faire illusion, qu'on s'imagine volontiers qu'il n'y a d'amour vrai que dans le monde. C'est là l'hypocrisie de sentiment, et la plus vile de toutes les hypocrisies !

En second lieu, la prudence du monde consiste dans une ambition téméraire : *Honorum culmina quærere, adepta temporalis gloriæ vanitate gaudere.*

L'art suprême du monde, c'est de parvenir. Il ne reconnaît d'autre droit que le succès. Il aspire toujours à de nouveaux triomphes ; il marche, il court, il se précipite. Vous vous arrêtez, vous prenez haleine? Imprudent! Le monde vous passe sur le corps, sans pitié pour votre faiblesse; il vous laisse en arrière. Vous voilà bien loin en peu d'instants! Vous êtes oublié. Qui parle de vous? Qui connaît votre nom? Il fallait réussir! Vous croyez-vous innocent? Mais vous ignorez donc la justice du monde? Il vous tient pour un grand coupable! N'êtes-vous pas, en effet, coupable d'infortune! Votre infortune même est insupportable pour le monde. Dans sa joie qui ne souffre aucun trouble, il vous éloigne de sa vue. Gardez-vous de paraître! Vous feriez ombre au tableau de sa gloire! Dévorez seul vos déceptions, ou sachez triompher!

Mentir et savoir prospérer, voilà donc les deux premiers caractères de la prudence du monde. Le troisième, c'est de se venger et de rendre avec usure le mal pour le mal : *Irrogata ab aliis mala multiplicius reddere.* Vous l'avez entravé dans ses intérêts : il compromettra pleinement les vôtres. Vous avez douté de sa droiture : il perdra votre réputation. Vous avez critiqué ses mœurs : il calomniera votre conduite, il souillera votre vie. Il tient à sa disposition et il manie avec habileté l'arme du sarcasme, de la satire, du pamphlet. Il plaisante avec esprit. Il émet un doute au sujet de vos vertus, ou bien elles lui fournissent l'occasion d'un bon mot, d'un mot caustique. On en rit, mais on ne l'oublie pas. On le répète, il circule, il grossit. Vous ignorez d'où le coup est parti, mais votre blessure saigne et ne se fermera pas. La confiance se retirera de vous, vos affaires déclineront, votre ruine sera certaine dès lors qu'on se persuadera que vous l'avez méritée. N'admirez-vous pas la prudence du monde! ne reconnaissez-vous pas en elle la prudence du serpent !

Saint Paul a donc raison d'appeler cette prudence du nom de mort : *Prudentia carnis mors est*, et d'assurer qu'elle est ennemie de Dieu : *Sapientia carnis inimica est Deo*. Dieu est la vie, et il se donne à ses créatures pour leur communiquer la vie. Le monde, au contraire, ne vit que de la mort qu'il fait autour de lui. Dieu est la vérité; il illumine tout homme venant en ce monde. Il ne déguise rien, il s'exprime selon ce qu'il est par nature. Le monde, au contraire, cache ses tristes réalités sous de belles et attrayantes apparences. Dieu est le désintéressement même et l'abnégation. Il veut sa gloire, sans doute, mais il ne la veut que par le moyen de notre salut et pour nous la communiquer dans le ciel ; et le prêtre, représentant de Dieu sur la terre, n'a pas de titre plus vrai ni plus magnifique que celui de « communicateur de la gloire » *communicator gloriæ*, que saint Pierre lui attribue. Le monde, au contraire, est ambitieux, égoïste, exclusif. Enfin, Dieu est bon, son cœur déborde d'amour et de pardon; « sa miséricorde est au-dessus de toutes ses œuvres » : *Misericordia Domini super omnia opera ejus*. Vous l'offensez, et, craignant sa colère, vous voulez ir loin de lui; eh bien ! dit saint Augustin,

« pour le fuir, jetez-vous dans ses bras : » *Vis fugere à Deo, fuge ad Deum!* Dieu ne retirera pas ses bras pour vous laisser tomber. Au contraire, le monde ne pardonne jamais, et non content de punir par un châtiment égal à la faute, ceux qui l'ont offensé, il les écrase et les anéantit. Oui, tel est le monde, au jugement de la sainte Écriture et des Pères, et selon les leçons de l'expérience. Étonnez-vous après cela que saint Jean vous avertisse avec tendresse et vous conjure avec larmes « de n'aimer pas le monde ni ce qui est dans le monde : » *Filioli, nolite diligere mundum neque ea quæ in mundo sunt*[1]. Et toutefois, messieurs, c'est au milieu de ce monde que vous devez vivre, parler, agir. C'est contre ce monde que Dieu vous envoie. Si le monde est semblable à une mer profonde, agitée du souffle des tempêtes et remplie de monstres inconnus, de ces innombrables reptiles que

---

[1] I Joan., II, 15.

signale l'Écriture : *Hoc mare magnum et spatiosum manibus : illic reptilia quorum non est numerus*[1], c'est sur cette mer que vous devez naviguer, c'est dans cette mer que vous devez jeter, au nom de Jésus-Christ, vos filets, pour prendre et pour détruire les monstres de l'abîme : *Serpentes tollent.* Si le monde est semblable par ses mœurs, ses coutumes, ses œuvres, ses productions, sa grandeur audacieuse et son apparente beauté, aux forêts vierges du nouveau monde, où l'air est mortel, où les serpents les plus redoutables se multiplient, se dressent, s'enroulent comme les lianes, et menacent de leurs replis et de leurs poisons les voyageurs imprudents ou inexpérimentés, eh bien! messieurs, c'est dans l'épaisseur de ces forêts que vous devez pénétrer, ce sont ces serpents eux-mêmes que vous devez conjurer, charmer et détruire : *Serpentes tollent!*

Ne craignez rien, messieurs; souvenez-

---

[1] *Ps.* ciii, 25.

vous de saint Paul à Malte. La grâce miraculeuse qui protégea le grand Apôtre contre la morsure d'une vipère, vous préservera des atteintes de la prudence de la chair. D'ailleurs, voici maintenant les moyens que le Fils de Dieu vous donne contre les serpents de l'ordre moral : c'est le sujet d'une seconde réflexion.

II

Jésus-Christ, qui nous envoie combattre la prudence de la chair, la sagesse du monde, les serpents astucieux et redoutables de l'ordre moral, nous apprend en même temps à les vaincre quand il nous dit : « Soyez prudents comme les serpents et simples comme les colombes : » *estote ergo prudentes sicut serpen-*

tes et simplices sicut columbæ[1]. « Par la prudence, dit saint Jérôme, le Sauveur nous apprend à éviter les embûches que le monde tend sous nos pas; et par la simplicité, il nous apprend à ne jamais faire le mal : » *Ut per prudentiam devitent insidias; per simplicitatem, non faciant malum.* « Le serpent, continue saint Jérôme, est ici un exemple fort instructif des soins prudents qu'inspire la foi. Que fait le serpent? Il cache, sous les plis et les replis de son corps, sa tête, et la dérobe à l'ennemi; car c'est dans la tête que le serpent porte toute sa vitalité. De même nous, au péril du reste de notre corps, nous devons protéger notre tête qui est le Christ, c'est-à-dire nous appliquer à conserver intacte et sans souillure notre foi : » *Et serpentis astutia ponitur in exemplum, quia toto corpore occultat caput, ut illud in quo vita est, protegat. Ita nos toto periculo corporis caput nostrum, qui Christus*

---

[1] Matth., x, 16.

est, custodiamus, id est fidem integram et incorruptam servare studeamus.

Écoutons encore, messieurs, les belles leçons que nous donnent, au sujet de la prudence du serpent, les Pères de l'Église et les saints docteurs ; elles ont un charme tout particulier. Raban Maur, le grand archevêque de Mayence, remarque que le serpent a coutume de choisir des fentes étroites, dans lesquelles il passe pour se dépouiller de sa peau. Les prédicateurs de l'Évangile, conclut-il, doivent de même se dépouiller du vieil homme, en passant par la voie étroite. Saint Isidore de Péluse fait la même remarque, et ajoute « que le serpent, en se dépouillant de sa vieille peau, prend une nouvelle jeunesse, et que c'est ainsi que les chrétiens, en passant par la voie étroite de la pénitence, se dépouillent du vieil homme et se revêtent de l'homme nouveau, créé, comme le dit l'Apôtre, selon Dieu, selon l'image de la véritable sainteté qui est en Jésus-Christ : » *Vult igitur nos quoque per arctam viam et afflictionem, veterem hominem exuere, ac pro eo novum induere, qui ad ejus imaginem renovatur*[1].

Le très-illustre commentateur de l'Écriture, saint Rémi, fait, à son tour, cette réflexion « que le Seigneur recommande sagement à ses disciples la prudence du serpent, parce que ce fut le serpent qui trompa le premier homme ; comme s'il leur disait : L'ennemi a été habile et rusé pour asservir le monde, soyez prudents, afin de délivrer le monde ! L'ennemi a loué la vertu de l'arbre de la science du bien et du mal, louez et exaltez la vertu de la croix ! » — « L'ennemi, ajoute saint Hilaire, a promis à nos premiers parents une fausse immortalité, une divinité menteuse, en leur assurant qu'ils seraient comme des dieux : *Eritis sicut dii*; promettez à l'homme la vraie grandeur, assurez

---

[1] Isid. Pelus., 1 *Ep.*, 26.

aux croyants qu'ils seront semblables aux Anges ! »

Saint Augustin, et après lui le vénérable Bède, observe que le serpent appuie une oreille contre la terre et ferme l'autre avec sa queue pour ne pas entendre la voix de l'enchanteur qui vient pour le charmer, selon cette parole du Psalmiste : « Les pécheurs sont pareils à l'aspic, qui se fait sourd en bouchant ses oreilles pour ne pas entendre la voix des enchanteurs ni la voix de l'empoisonneur qui vient le charmer avec art[1] ; » *sicut aspidis surdæ et obturantis aures suas, quæ non exaudiet vocem incantantium, et venefici incantantis sapienter;* et il dit que le disciple et l'apôtre de Jésus-Christ doivent pareillement boucher leurs oreilles en méditant sur la mort et sur la sépulture qui les réduiront en poussière, et ainsi, par la pensée des fins dernières, se préserver des suggestions perfides du démon et des impies[2].

[1] *Ps.* LVII, 5 et 6 — [2] S. August., libr. II, *De Doct. Christ.* c. XVI.

Enfin, selon saint Basile[1], le serpent a l'œil très-clairvoyant, il est souverainement rusé, il ne répand son poison qu'en temps opportun et pour nuire à son ennemi; de même le disciple de Jésus-Christ doit considérer avec attention, pour les mettre à profit, toutes les occasions favorables de prêcher la parole de Dieu; choisir le moment, le lieu, les personnes, la forme du langage, afin d'arriver à convaincre les esprits plus profondément et à persuader plus sûrement les cœurs.

Voilà donc, messieurs, selon l'enseignement des Pères, des docteurs et des écrivains ecclésiastiques, le sens dans lequel Notre-Seigneur nous recommande d'imiter la prudence du serpent. C'est une imitation, non de ressemblance, mais d'analogie. Si les méchants ont une prudence de mort, que les bons aient une prudence de vie, une prudence spirituelle et divine; qu'ils apprennent à être industrieux pour la vertu, comme les méchants sont in-

[1] S. Basil., *In regul. brevior. interrog.*, 245.

dustrieux pour le vice! Saint Paul nous recommande d'imiter cette prudence, quand il dit: « La prudence de l'esprit est vie et paix : » *prudentia autem spiritus vita et pax*[1]. Mais, nous l'avons vu déjà, cette prudence ne va pas sans la simplicité : « Soyez simples comme les colombes! » Et qu'est-ce donc, messieurs, que la simplicité douce et charmante dont parle ici le Fils de Dieu? c'est le contraire de la ruse. Un cœur simple n'a pas d'artifices; il n'enveloppe dans aucun secret repli ses pensées, ses sentiments; il se montre tel qu'il est. Il va naturellement vers le bien; il ne s'inquiète pas des jugements des hommes; il est exempt de préjugés et de passions; il ne fait jamais le mal, et il supporte patiemment le mal qu'on lui fait. Écoutons encore ici saint Grégoire : « La sagesse des justes, dit-il, consiste à ne rien feindre, à mettre ouvertement leurs vraies pensées dans leurs paroles, à aimer la

---

[1] *Rom.*, VIII, 6.

vérité telle qu'elle est, à fuir la fausseté. Elle consiste encore à faire le bien gratuitement, à supporter plus volontiers le mal que de le faire souffrir au prochain; à ne point tirer vengeance des injures reçues; enfin à regarder comme un profit les mépris soufferts pour la vérité[1]. »

Or, messieurs, conformément à ces leçons, que nous donnent les saintes Lettres, les Pères et les docteurs de l'Église, opposez-vous, par la prudence de l'esprit, à la prudence de la chair; par la sagesse des justes, à la sagesse des pécheurs. Le monde est hypocrite, ambitieux et cruel : Soyez vrais, soyez modérés, soyez bons!

Premièrement, soyez vrais.

J'entends ici, par la vérité que je vous re-

---

[1] At contra sapientia justorum est nil per ostensionem fingere, sensum verbis aperire, vera ut sunt diligere, falsa devitare; bona gratis exhibere, mala libentius tolerare, quam facere; nullam injuriæ ultionem quærere; pro veritate contumeliam lucrum putare. (*Moral.* S. Greg., lib. X, c. XVI, in cap. 12 Job.)

commande, la sincérité et le courage de vos principes de religion, de vos principes d'honneur, de vos principes de dévouement et de fidèle amitié. Loin de vous le respect humain! Vous connaissez Dieu, vous l'aimez, vous le servez; que les hommes en soient instruits, non pour votre gloire, mais pour la gloire de Dieu. L'Évangile ne dit-il pas : « Que les hommes voient vos bonnes œuvres, et qu'ils glorifient votre Père céleste![1] » Par un reste de justice qui est en lui et qu'il n'a pu étouffer, le monde respectera la sincérité de vos croyances. Qui sait si plusieurs n'en seront pas touchés et ne se convertiront pas à la « prudence de l'esprit? » Par votre sincérité vous aurez alors gagné vos frères, procuré leur salut, et vous aurez ainsi vous-mêmes mieux assuré le vôtre.

Professez encore, sans ostentation, mais sans faiblesse, devant les hommes, les maxi-

---

[1] Matth., v, 16.

mes de l'honneur chrétien. Ces maximes nous disent, messieurs, que le péché seul est une souillure, parce que le péché seul est une désobéissance, une révolte, une trahison, une ingratitude à l'égard de Dieu. Ces maximes nous disent que le péché donne la mort à l'âme et la rend passible de justes peines, de peines éternelles, si le péché est mortel. Ces maximes nous disent que le péché seul attire sur les peuples la colère du Roi des rois, les châtiments qu'il leur réserve, et par l'effet desquels les peuples deviennent malheureux : *Miseros facit populos peccatum*[1]. Ne regardez plus comme un déshonneur les mépris, les outrages que le monde prodigue à la vertu. Si vous souffrez pour Jésus-Christ, vous êtes heureux : *Beati estis cum maledixerint vobis.* Alors, en effet, votre récompense est grande dans les cieux : *Quoniam merces vestra copiosa est in cœlis*[2]. L'honneur vient de Dieu. « Aimer

---

[1] *Prov.*, xiv, 34. — [2] Matth., v, 11 et 12.

Dieu, dit le livre de l'Ecclésiastique, c'est une sagesse qui honore : » *Dilectio Dei honorabilis sapientia*[1]. C'est la sagesse qui a rendu le juste Jacob honorable, et qui couvre, par conséquent, du manteau de la dignité et de la grandeur tous les justes : *Honestum fecit illum* [2].

Je dis encore, soyez, messieurs, de bons et fidèles amis pour tous vos frères. Si votre amitié est fondée sur l'estime de leur caractère, si elle prend sa source dans la bienveillance universelle de Dieu à l'égard des hommes, si elle se modèle sur les amitiés célèbres des saints, elle se fortifiera avec le temps, elle grandira dans les épreuves, elle sera le témoignage de cette générosité toujours persistante dans le cœur de l'homme, et que l'égoïsme, triste résultat du péché, n'a pu étouffer. Il appartient principalement aux enfants de Dieu d'avoir de l'affection, et saint Paul dé-

---

[1] *Eccli.*, I, 14. — [2] *Sap.*, x, 11.

nonce comme un signe auquel on reconnaîtra que les derniers temps approchent, le manque d'affection dans les cœurs : *In novissimis diebus... erunt homines... sine affectione*[1]... Au contraire, un ami fidèle est la récompense de l'homme qui craint Dieu ; c'est un signe de la faveur et des bénédictions du Ciel. « Un ami fidèle, dit le livre de l'Ecclésiastique, est une protection puissante ; qui le trouve, trouve un trésor. Rien n'est comparable à un ami fidèle. Ni l'or ni l'argent ne peuvent être mis en comparaison avec le prix de sa foi. Un ami fidèle est un remède de vie et d'immortalité, et ceux-là trouvent un tel ami qui craignent le Seigneur : » *Et qui metuunt Dominum invenient illum*[2].

Sincères dans votre foi, dans les principes de l'honneur véritable, dans vos amitiés, montrez-vous encore, messieurs, modérés dans vos succès. Ne repoussez pas votre frère

---

[1] II *Tim.*, III, 1, 2, 3. — [2] *Eccli.*, VI, 16.

quand il vous suit de près, quand il s'appuie sur vous; encouragez plutôt ses efforts, montrez-lui la voie, excitez son émulation; que sa gloire n'offusque pas vos yeux; que votre propre gloire, tempérée par la modestie, ne blesse jamais son humble condition. Si Dieu vous est apparu dans l'éclat de la fortune ou de la renommée; si, de cette apparition, vous avez reçu comme une empreinte de splendeur, imitez Moïse qui, en descendant du Sinaï, couvrit d'un voile son visage rayonnant, pour ne pas éblouir les Israélites ses frères. Sachez encourager les premiers succès des jeunes gens que vous devancez dans la vie; sachez partager les joies de vos égaux; sachez supporter les triomphes de vos aînés qui combattent devant vous et qui vous ont précédés dans la carrière. Le monde voit le succès; Dieu regarde les efforts de la vertu. Le monde couronne les résultats, souvent fortuits, de notre action; Dieu couronne notre action, même quand elle demeure stérile, pourvu qu'elle ait été généreuse.

Enfin, messieurs, sachez pardonner les injures qui vous sont faites. Ne rendez jamais le mal pour le mal ; mais à ceux qui vous font du mal, faites du bien. Je ne rappellerai pas ici à votre esprit les passages si connus de l'Évangile, où Notre-Seigneur recommande à ses disciples cette noble conduite. Il me suffira de vous dire que si Jésus-Christ nous a tous aimés, tous rachetés, tous enrichis de ses grâces et de son amour, il est juste que nous lui montrions notre reconnaissance en aimant nos frères, nos ennemis, nos oppresseurs, comme il veut que nous les aimions. Un amour si sublime fera triompher notre foi. L'amour est invincible, messieurs, et l'histoire nous dit qu'après l'amour du Fils de Dieu, c'est l'amour des saints martyrs qui a renversé le monde païen et qui l'a transfiguré dans la lumière du christianisme. Hommes du monde qui nous haïssez, qui nous conspuez, qui prononcez sur nos têtes l'anathème inexpiable, nous vous aimons, nous vous bénissons! vous êtes nos frères! Venez! nos richesses sont à vous, nos destinées sont aussi les vôtres. Puissiez-vous, au prix de notre sang, connaître, aimer, servir et posséder un jour le Dieu qui nous envoie vers vous!

Et n'avons-nous pas, en effet, messieurs, dans le très-saint sacrement de l'autel, l'exemple et la grâce de cette prudence de l'esprit qu'il faut opposer à la prudence de la chair?

Dans l'Eucharistie, Jésus-Christ professe ostensiblement une religion toute divine; il est la forme du véritable honneur, d'une dignité sublime, d'une amitié forte et douce à la fois, dont le commerce remplit l'âme des plus ineffables consolations. Dans l'Eucharistie, son ambition n'a qu'un but : celui de nous enrichir des trésors de Dieu, de la vie divine elle-même, avec sa gloire et sa béatitude; dans l'Eucharistie, son amour est sans bornes : il embrasse les justes pour les préserver du péché, et les pécheurs pour les rendre justes et les sauver.

Sa religion : il s'immole sur l'autel, au moment de la Consécration du pain et du vin transubstantiés en son corps et en son sang, par l'effet des paroles que prononce le prêtre. Il est lui-même prêtre et victime. Dans le tabernacle où il réside, et sur le trône où l'Église l'expose à la vue et aux adorations des fidèles, il rend à Dieu le Père le culte parfait qui lui est dû, le culte en esprit et en vérité : *In spiritu et veritate*. Sa prière ne cesse jamais, son offrande est perpétuelle, son immolation se poursuit sans cesse dans les actes de sa volonté et dans les mouvements de son cœur. Sous les humbles apparences qui le voilent à nos yeux, il nous dit la sincérité de ses abaissements, la majesté du Dieu devant qui il se prosterne et s'anéantit; et par son exemple il nous porte à devenir, à notre tour, comme lui, des adorateurs en esprit et en vérité ; car le Père cherche de tels adorateurs :

Nam et Pater tales quærit, qui adorent eum[1].

Dans l'Eucharistie, il fait profession du véritable honneur. Il nous dit que l'honneur vient de Dieu; que « servir Dieu c'est régner : » *Deus, cui servire regnare est;* que l'honneur c'est la grâce ici-bas, et, au ciel, la gloire; que les justes sont « couronnés de gloire et d'honneur : » *Gloria et honore coronasti eum, Domine*[2], et qu'il communique, lui, de sa plénitude, cette grâce, cette sainteté qui fleurit sur la terre, dans les âmes, et qui s'épanouit au ciel à la lumière de la gloire.

O Jésus, vous « le Prêtre catholique du Père : » *Sacerdos Patris Catholicus;* vous le juste et le saint que Dieu a couronné de gloire et d'honneur parmi tous les justes et tous les saints dont vous êtes le type et l'exemplaire image; ô Jésus, vous si religieux, si grand, comment encore êtes-vous si bon, si aimable pour vos frères? « Vous faites vos délices

[1] Joan., IV, 23. — [2] Ps. VIII. 6.

d'habiter avec les enfants des hommes : » *Deliciæ meæ esse cum filiis hominum*[1] ; vous ne les abandonnez pas dans leurs épreuves, vous ne les trahissez jamais dans leurs malheurs! Par vous, les larmes qu'ils répandent sont adoucies et consolées; par vous leur joie devient plus pure et rayonne mieux. Vous êtes l'hôte intime et suave des âmes; vous conversez avec nos pensées, avec notre langage intérieur; vous répondez à nos sentiments; vous entendez le cri de nos angoisses, vous compatissez à nos peines, vous gémissez avec nos soupirs! A qui donc avez-vous fait défaut dans les jours de délaissement? quelle misère avez-vous rebutée? Quand les pauvres pécheurs, après vous avoir indignement trahi, sont revenus vers vous, ne vous apportant, comme l'enfant prodigue, que les restes hideux d'une vie dévorée par les passions du monde, vous les avez transfigurés dans vos bras ouverts pour leur

[1] *Prov.*, viii, 31.

donner asile, et dans vos larmes de joie répandues sur leur tête découronnée et sur leur visage flétri! O Jésus, notre ami, notre seul ami! O Jésus, nous voulons vous rester attachés; demeurez avec nous, car il se fait tard sur les routes du siècle; les ombres des amitiés sincères déclinent; la nuit froide de l'égoïsme envahit tous les cœurs, et la déception nous attriste et nous fait mal! *Mane nobiscum, Domine, quoniam advesperascit, et inclinata est jam dies* [1].

Qu'avons-nous besoin maintenant, messieurs, de vous dire que l'unique ambition du Dieu fait homme qui demeure dans l'Eucharistie, c'est d'élever les hommes pour en faire des dieux. Il se donne à tous pour que tous les hommes soient participants du grand succès final : la possession de Dieu : *Divinæ consortes naturæ* [2]. Loin de se venger des injures qu'il reçoit, il demande que les pé-

---

[1] Luc., xxiv, 29. — [2] II Petr., i, 4.

cheurs se convertissent et qu'ils vivent, et la grâce du pardon semble s'augmenter en lui avec le nombre et l'énormité de nos crimes.

Voilà, messieurs, la sagesse du Dieu de l'Eucharistie : une religion, un honneur, une amitié véritables, sincères ; une ambition glorieuse et désintéressée, toute à notre profit ; une invincible propension à pardonner toujours, à aimer toujours ! Et voilà la sagesse, « la prudence de l'esprit » que vous devez imiter. En effet, d'une part, Jésus-Christ est prudent comme le serpent, mais, de l'autre, il est simple comme la colombe. De même que le serpent se cache pour échapper à son ennemi ou pour l'attaquer plus sûrement, ainsi Jésus-Christ se dérobe, sous les voiles de son sacrement, aux regards de l'incrédule. De même que le serpent a trompé nos premiers parents en leur présentant l'arbre du fruit de la science du bien et du mal, et en leur promettant qu'ils seraient comme des dieux par la manducation de ce fruit, ainsi Jésus-Christ, se servant des armes de l'ennemi, nous présente le fruit d'un arbre, le fruit de l'arbre de la croix : son corps attaché à la croix, et nous assure que si nous mangeons ce fruit, nous serons des dieux. Mais il est simple et pur en même temps qu'il est prudent. Car, ce qu'il nous dit est vrai, ce qu'il nous promet est certain. Rien de plus clair, de plus limpide, de plus chaste que sa parole pour ceux qui croient! « Celui qui suit Jésus, ne marche point dans les ténèbres : » *Qui sequitur me, non ambulat in tenebris*[1].

Messieurs, suivons cette « lumière de la vie : » *Sed habebit lumen vitæ*[2]! Soyons prudents et simples; soyons vrais, soyons modérés et généreux, soyons bons! Que notre religion soit exempte de doute et d'erreur; que notre honneur ait pour base Dieu lui-même; que notre amitié soit sincère, dé-

---

[1] Joan., VIII, 11. — [2] *Ibid.*

vouée, consolante! Venons en aide à la faiblesse de nos frères, applaudissons à leurs succès, pleurons sur leurs défaites, pardonnons à leur ingratitude, vengeons-nous de leurs offenses par l'indulgence et l'oubli! Aimons-les; la prudence de l'esprit, c'est la prudence de Dieu, et parce qu'il est écrit que « Dieu est amour : » *Deus charitas est*[1], croyons, messieurs, que la prudence, au fond, c'est l'amour!

[1] I Joan., IV, 8.

QUATRIÈME CONFÉRENCE

LES ADORATEURS DU TRÈS-SAINT SACREMENT, PRÉSERVÉS DE L'INFLUENCE MORTELLE DU MONDE PAR L'EUCHARISTIE.

Il serait à craindre, messieurs, que les disciples de Notre-Seigneur, s'ils n'avaient d'autre force, pour accomplir leur mission au milieu du monde, que celle de leur zèle et de leur charité, ne vinssent à succomber sous l'influence même des passions du monde. C'est pourquoi le maître qui les envoie est en même temps le médecin qui les soigne, qui les préserve de tout péril et qui les sauve. « Ceux qui croiront, dit-il, s'ils viennent à prendre un breuvage empoisonné, n'en souffriront aucun mal : » *si mortiferum quid biberint, non eis nocebit.*

A la lettre, cette miraculeuse protection a éclaté, l'histoire nous l'assure, sur plusieurs saints. Au sens mystique, la protection de Dieu, par les grâces les plus abondantes et les mieux appropriées à nos besoins du moment, ne fait jamais défaut aux vrais croyants de l'Évangile. Si donc, comme l'enseigne saint Grégoire, les disciples du Seigneur entendent de la bouche des hommes mondains et pervers des paroles corrompues, des insinuations perfides, des discours empestés, et s'ils se trouvent alors comme forcés de boire un poison mortel, ce poison reste sans effet, car la grâce de Dieu les empêche de consentir aux suggestions mauvaises : *Dum pestiferas suasiones audiunt, sed tamen ad operationem pravam minime pertrahuntur, mortiferum quidem est quod bibunt, sed non eis nocebit*[1]. S'ils éprouvent, ajoute saint Ber-

[1] *Homil.*, xxix, *in Evang.*

nard, les provocations de la concupiscence, ils sentent, à la vérité, le péché qui les sollicite, mais, par la grâce, ils n'y consentent pas : *Cum senserint stimulos concupiscentiæ, nolent consentire*[1].

Mais la grâce la plus efficace contre les dangers du monde, c'est assurément, messieurs et mes frères, la grâce de l'Eucharistie. Ce divin Sacrement est appelé par le Concile de Trente « un antidote qui nous délivre des fautes vénielles que nous commettons chaque jour, et qui nous préserve du péché mortel : » *Antidotum quo liberemur a culpis quotidianis, et a peccatis mortalibus præservemur*[2].

Voilà donc, messieurs, le remède qui vous est préparé et par l'effet duquel le monde ne pourra ni vous perdre ni même vous affaiblir. Il est nécessaire que vous ayez souvent recours à ce remède sous les deux formes où Dieu vous le prépare et vous le donne : l'ado-

[1] *Serm.*, 1, *de Ascens.* — [2] *Concil. Trid.*, sess. xiii, c. 2.

ration de l'Eucharistie, la réception de l'Eucharistie; et je vais vous dire, dans cette Conférence, comment l'Eucharistie, sous ces deux formes, assure pour vous l'accomplissement infaillible de la promesse du divin Sauveur : « S'ils viennent à prendre un breuvage mortel, ce breuvage ne leur nuira point : » *et si mortiferum quid biberint, non eis nocebit.*

Implorons, avant de commencer, le secours de l'Esprit saint par l'entremise de Marie. *Ave, Maria.*

I

En premier lieu, messieurs, l'Eucharistie, par le culte d'adoration que nous sommes appelés à lui rendre d'une manière si particulière et si intime, nous préserve des dangers du monde. En présence de l'Eucharistie nous pouvons, avec plus d'assurance encore que David, nous écrier et dire : « J'invoquerai le Seigneur que j'adore et je triompherai de mes ennemis : » *laudans, invocabo Dominum, et ab inimicis meis salvus ero*[1]. Car, la contemplation, la louange et l'adoration de l'Eucharistie, 1° ennoblissent l'esprit; 2° touchent le cœur et le pénètrent d'une suave onction; 3° fortifient la volonté;

[1] *Missal. Rom.*

4° purifient les sens. De la sorte, messieurs, l'Eucharistie, quand nous l'adorons, devient notre antidote, et les poisons du monde ne peuvent nous donner la mort.

Premièrement, l'adoration de l'Eucharistie ennoblit notre esprit.

Aux pieds du saint autel où Jésus-Christ repose, devant le Trône d'amour auprès duquel nous avons accès, quelle illustre lumière baigne et inonde nos yeux intérieurs ! C'est la lumière même du Verbe incarné, de Celui qui est substantiellement lumière, et qui, en créant le monde, s'est communiqué au monde par l'effusion de la double lumière de la raison et de la foi : *Ego sum lux mundi*[1]. De l'Eucharistie, où Jésus-Christ est présent, de ce foyer où sa lumière est concentrée, il laisse venir sur nous de brillants rayons qui peignent en quelque sorte dans notre âme l'image du soleil éter-

[1] Joan., VIII, 12.

nel. Alors, en effet, s'accomplit en nous ce que saint Paul a dit de la foi en général, savoir : que nous qui contemplons à face découverte, et sans le voile de la lettre, sous lequel les Juifs étaient placés, la gloire du Seigneur, nous sommes, par l'effet de cette contemplation, transformés de clarté en clarté en l'image même de la gloire contemplée, grâce à l'Esprit de Dieu, par qui cette contemplation s'opère dans nos âmes : *Nos vero omnes, revelata facie gloriam Domini speculantes, in eamdem imaginem transformamur a claritate in claritatem, tanquam a Domini Spiritu*[1]. Vous l'entendez, messieurs, la contemplation de la foi nous rend déiformes; combien plus, lorsque cette contemplation a pour objet l'Eucharistie! C'est alors que, sous l'action du Saint-Esprit, des clartés de la parole révélée montant jusqu'aux clartés du Verbe qui révèle, nous nous transformons en

[1] II *Cor.*, III, 18.

l'image fidèle de ce prototype des élus, qui porte lui-même substantiellement toute l'image de Dieu le Père : *In eamdem imaginem transformamur!* Que notre âme est belle alors! que notre esprit est clairvoyant! Comme nos pensées sont sublimes! nous jouissons presque du privilége de l'intuition. Les raisonnements cessent, les laborieuses investigations de la vérité disparaissent, et, à leur place, nous possédons la présence de la foi qui s'affirme elle-même, qui demeure, sans doute, toujours un mystère, mais un mystère qui se pose face à face devant notre âme comme un fait tangible pour notre esprit, et qui le persuade en l'éblouissant : *Nos vero omnes, revelata facie, gloriam Domini speculantes.*

Dans la grâce de cette noble similitude dont nous revêt la contemplation eucharistique, nous jouissons, messieurs, d'une plus cordiale et plus suave familiarité avec le Fils de Dieu. Il nous parle « comme un ami parle à son ami[1]. » Il nous ouvre les trésors de sagesse et de science qui sont en lui. Nous répondons à sa parole, nous puisons à pleines mains dans les richesses de son cœur. Nous donnons sans réserve tout ce que nous avons reçu, nous nous épanchons, nous nous abandonnons avec bonheur! nous nous laissons emporter par les cataractes impétueuses et douces de la lumière de Dieu le Fils, jusqu'au fond des abîmes de la lumière de Dieu le Père : *Abyssus abyssum invocat in voce cataractarum tuarum* [2] *!* Et plongés tout entiers dans la lumière de la foi, dans la lumière de Dieu, nous entendons « cet abîme qui parle, » nous voyons « cette profondeur qui lève les mains » et qui s'affirme : *Dedit abyssus vocem suam; altitudo manus suas levavit* [3]. Notre esprit convaincu, subjugué, entraîné par la vérité, ne craint plus la parole menteuse du monde, les lumières décevantes de la raison

---

[1] *Exod.*, xxxiii, 11. — [2] *Ps.* xli, 8. — [3] *Habac.*, iii, 10.

humaine. Le soleil de la philosophie pâlit devant les lumières eucharistiques; les âmes qui ne reçoivent leurs clartés que des illuminations de la science, deviennent plus pâles et plus instables que l'astre des nuits; elles s'arrêtent, surprises et confondues, devant nos propres splendeurs; le soleil qui les éclaire s'arrête, lui aussi, dans sa course orgueilleuse. Les flèches étincelantes de la foi ont frappé tous ces astres menteurs; ils s'inclinent devant les fulgurations du glaive de Dieu et n'obéissent plus qu'à son pouvoir : *Sol et luna steterunt in habitaculo suo, in luce sagittarum tuarum; ibunt in splendore fulgurantis hastæ tuæ*[1].

Ainsi éclairé, l'esprit du chrétien acquiert une noblesse divine. Il craindrait de dégénérer s'il osait seulement contempler de trop près les doctrines du monde. Il en est préservé par l'horreur instinctive qu'elles lui

---

[1] *Habac.*, III, 11.

inspirent. Désormais, comme le roi des airs, il ne s'arrête plus que sur les hautes cimes. Il se porte d'un vol rapide vers le Christ qui l'appelle et qui l'attire : *Ubi erit corpus, illic congregabuntur et aquilæ*[1].

Secondement, messieurs, l'adoration de l'Eucharistie touche notre cœur, le pénètre d'une suave onction et le préserve des séductions mondaines.

Jésus-Christ, au très-saint Sacrement de l'autel, nous ouvre toutes les amabilités, toutes les tendresses, toute la charité de son cœur. « Apprenez de moi, nous dit-il, que je suis doux et humble de cœur : » *discite a me quia mitis sum et humilis corde*[2]. Par son humilité, il nous donne la confiance de venir familièrement à lui; par sa douceur, il nous charme, il nous délecte et nous ravit. Nous trouvons alors le repos dans son cœur : *Et invenietis requiem animabus vestris*[3]. Ce

---

[1] Matth., xxiv, 28. — [2] *Ibid.*, xi, 29. — [3] *Ibid.*

cœur est, en effet, le sanctuaire des perfections du Verbe incarné. Dieu lui-même s'y complaît : *In quo mihi bene complacui*[1]. Comment n'y serions-nous pas heureux ! C'est un cœur ouvert pour nous donner accès dans ses profondeurs ; un cœur ouvert pour tous ceux qui travaillent, qui sont chargés et qui souffrent : *Venite ad me omnes qui laboratis et onerati estis*[2]. C'est un cœur rempli des remèdes de la grâce ; chacun peut y trouver le remède dont il a besoin pour ses infirmités particulières : *Et ego reficiam vos*[3]. Qu'il est donc suave l'amour du cœur de Jésus-Christ ! Celui qui l'a goûté une fois trouve amères toutes les suavités du monde. L'adorateur du très-saint Sacrement ne peut plus quitter Jésus-Christ. Il le cherche dans les sanctuaires où il réside. Il l'appelle, il l'interroge : « O mon bien-aimé, lui dit-il, indiquez-moi les pâturages où vous vivez ; faites-moi connaître

---

[1] Matth., xvii, 5. — [2] *Ibid.*, xi, 28. — [3] *Ibid.*

le lieu de votre repos au milieu du jour : »
indica mihi, quem diligit anima mea, ubi pascas, ubi cubes in meridie[1]. Jésus répond à cet appel. L'adorateur zélé court aussitôt, il vole vers son Dieu, il s'unit à lui, il entre dans le refuge de son cœur, il boit les délices de la grâce à leur source même, il s'enivre au torrent des voluptés divines : *Torrente voluptatis tuæ potabis eos*[2]. Et comment pourrait-il ensuite se laisser séduire par les voluptés du monde! Comment les menteuses joies des sens pourraient-elles prévaloir sur les félicités réelles de l'âme? O mon Dieu! nous avons expérimenté les délices de votre saint amour. Nous savons que vous êtes suave : *Gustate et videte quoniam suavis est Dominus*[3]. Nous aimons vos tabernacles, et nous proclamons en face du monde, qui nous vante ses fêtes, ses douceurs, ses plaisirs, qu' « un seul jour passé dans vos parvis, au

---

[1] *Cant.*, 1, 6. — [2] *Ps.*, xxxv, 9. — [3] *Ps.* xxxiii, 9.

pied de vos autels, vaut mieux que mille jours passés dans la demeure des pécheurs : » *melior est dies una in atriis tuis super millia*[1] !

Troisièmement, l'adoration de l'Eucharistie fortifie la volonté.

C'est qu'en effet, messieurs, une telle adoration applique la volonté à la loi de Dieu vivante dans l'Eucharistie, nourrit la volonté du bien suprême qui est proprement son objet, et exerce enfin la volonté par la discipline de l'autorité qui commande et qui châtie.

Il y avait, nous dit saint Paul, dans le tabernacle de la Loi, l'arche sainte du Testament, et, dans cette arche toute revêtue d'or, une urne d'or où l'on conservait une mesure de manne, la verge d'Aaron qui avait fleuri, et les tables du Testament : *Tabernaculum... habens... arcam Testamenti circumtectam ex*

---

[1] *Ps.*, LXXXIII, 11.

omni parte auro, in qua urna aurea habens manna, et virga Aaron, quæ frondueral, et Tabulæ Testamenti[1]. Or, messieurs, l'arche du Testament figurait Jésus-Christ, sur lequel, comme sur un propitiatoire, repose la gloire de Dieu. En Jésus-Christ, comme dans l'arche, et dans l'urne de son cœur, se trouvent la manne, la verge d'Aaron et la loi. Adorer Jésus-Christ au très-saint Sacrement de l'autel, c'est, par la loi, appliquer au bien sa volonté; par la manne, nourrir sa volonté; par la verge sacerdotale, discipliner sa volonté.

Jésus-Christ est la loi vivante du Père : « Écoutez-le, nous dit le Père lui-même, sur le Thabor : » *ipsum audite*[2]. Or, quand nous adorons l'Eucharistie, c'est la loi vivante que nous adorons, écrite dans le Verbe par le doigt de Dieu. « Regardez, dit encore le Seigneur, et faites selon le modèle qui vous est

---

[1] *Hebr.*, IX, 4. — [2] *Matth.*, XVII, 5.

montré : » *inspice, et fac secundum exemplar quod tibi in monte monstratum est*[1]. Donc, messieurs, dans l'acte de l'adoration eucharistique, la volonté du chrétien se forme à l'école de la loi; elle est réglée selon la loi; elle reçoit l'empreinte, la similitude, la rectitude de la loi. Dès lors, elle obéit sans peine, et elle plaît à Dieu.

Elle se nourrit aussi de la manne cachée, c'est-à-dire du vrai, du juste; elle se repaît de l'aliment de l'ordre; de la beauté, splendeur de l'ordre : elle ne saurait donc défaillir dans ses voies. Si elle vient à s'écarter du droit chemin, la verge sacerdotale du véritable Aaron, de Jésus-Christ, prêtre éternel qui réalise dans son sacerdoce les figures du sacerdoce d'Aaron, la guide, la ramène, et même la frappe et la mortifie pour la vivifier. C'est ainsi que la volonté s'exerce et finit par se maintenir en une exacte conformité avec la loi de Dieu, et

---

[1] *Exod.*, xxv, 40.

qu'elle peut dire ce que disait David autrefois : « Mon Dieu, je veux faire votre volonté, et votre loi est écrite au milieu de mon cœur : » *Deus meus volui, et legem tuam in medio cordis mei*[1].

Quatrièmement, enfin, l'adoration de l'Eucharistie purifie nos sens. C'est que l'Eucharistie est le sacrement du corps et du sang de Jésus-Christ, et que notre corps et notre sang reçoivent de cet adorable sacrement des impressions et des grâces de pureté. Quand Jésus-Christ était sur la terre, tous ceux qui l'approchaient avec foi se sentaient portés au bien. Il sortait même de son corps, dit l'Évangile, une vertu secrète qui guérissait tous les malades[2]. Cette vertu purifiante n'est pas altérée depuis que le Sauveur est entré dans sa gloire; elle est, au contraire, plus efficace. Les adorateurs du très-saint Sacrement, en s'approchant, par la foi, du mystère où Jésus-Christ réside, tou-

---

[1] *Ps.*, xxxix, 9. — [2] Luc., vi, 19.

chent, en quelque sorte, comme l'hémorroïsse, la frange de son vêtement, et à l'heure même ils sont guéris[1]. En outre, le corps du fidèle reçoit, des impressions que l'Eucharistie produit dans son âme, un secours, une grâce de pureté. Si l'âme est inondée de vérité, le corps devient lumineux à sa manière; si le cœur tressaille de joie, le corps exulte de transports surnaturels : *Cor meum et caro mea exultaverunt in Deum vivum*[2]; si la volonté est rendue droite, les sens sont maîtrisés; ils ont leur part des consolations que la discipline du Souverain prêtre fait subir à la volonté : *Virga tua et baculus tuus ipsa me consolata sunt*[3]. Par là, messieurs, nous pouvons, selon le précepte de l'Apôtre, « présenter à Dieu notre corps comme une hostie vivante, sainte et agréable à ses yeux : *Ut exhibeatis corpora vestra hostiam viventem, sanctam, Deo placentem*[4]; en un mot, nous pouvons lui rendre,

---

[1] Luc., VIII, 44. — [2] *Ps.* LXXXIII, 3. — [3] *Ps.*, XXII, 4. — [4] *Rom.*, XII, 1.

même par notre corps, un culte spirituel : *Rationabile obsequium vestrum*[1].

Or, messieurs, que pourront les poisons du monde contre nous, si nous sommes ainsi munis, dans notre esprit, notre cœur, notre volonté, nos sens, d'un divin antidote, par l'adoration de l'Eucharistie? Certes, il nous sera permis de vivre, selon notre condition, au milieu du monde, d'agir sur le monde, contre le monde, pour le combattre et le convertir, sans craindre que le monde, plus fort ou plus habile que nous, ne parvienne à nous séduire et à nous perdre. La promesse du Sauveur se réalise donc pour nous, quand nous l'adorons sur l'autel : « S'ils viennent à prendre quelque breuvage mortel, ce breuvage ne leur nuira pas : » *si mortiferum quid biberint, non eis nocebit.*

Mais, l'antidote eucharistique est bien plus puissant encore quand il nous est donné sous

---

[1] Rom., XII, 1.

la forme de la Communion ; c'est ce que nous allons voir dans un second point.

II

La réception sacramentelle de l'Eucharistie, la sainte Communion bien faite, nous préserve, à son tour, et plus puissamment encore que l'adoration du Dieu qu'elle contient, des séductions empoisonnées du monde. C'est la Communion qui, à proprement parler, nous sert d'antidote : *Antidotum quo liberemur a culpis quotidianis, et a peccatis mortalibus præservemur*[1]. La raison en est, messieurs, que, par la Communion, nous vi-

---

[1] *Concil. Trid. Sess.* XIII, c. 2.

vons de la vie du Fils de Dieu : *Qui manducat me, et ipse vivet propter me*[1]. La vie théandrique se répand, par la Communion, dans tout notre être : dans notre âme et dans toutes les facultés de notre âme; dans notre corps et dans toutes les puissances de notre corps. Quel poison serait assez subtil pour altérer jamais une telle vie! Certes, au milieu du monde, nous ne saurions périr, grâce à l'Eucharistie, qu'autant que nous aurions le triste courage de le vouloir. Mais si nous savons garder précieusement en nous le don de la vie divine, par l'effet de cette vie nous serons immortels.

Examinons en détail cette glorieuse et consolante vérité.

Je dis, en premier lieu, que par la Communion, la vie théandrique, ou, en d'autres termes, la vie de l'Homme-Dieu, se répand dans notre âme et dans toutes les facultés de

---

[1] Joan., vi, 58.

notre âme : l'intelligence, la mémoire, l'imagination, la volonté, le sentiment. En effet, par la Communion, nous sommes unis à Celui dont il est dit qu'il est « plein de grâce et de vérité : » *Plenum gratiæ et veritatis*[1]. En lui donc et par lui nous avons la grâce, qui inspire à notre intelligence le goût et l'amour de la vérité, et la vérité elle-même, qui nous éclaire et qui nous montre tout ce qu'il y a de désordonné, de repoussant et d'horrible dans l'erreur. Le Verbe devient notre aliment spirituel ; notre intelligence se repaît du Verbe avec délices, et ne veut plus d'autre nourriture. Nous disons alors avec saint Pierre : « O Seigneur, à qui donc irions-nous ? vous avez les paroles de la vie éternelle : » *ad quem ibimus ? verba vitæ æternæ habes*[2].

Les souvenirs du monde viendraient-ils nous troubler ? mais ils sont étouffés par l'unique souvenir de la table eucharistique. O

---

[1] Joan., 1, 14. — [2] *Ibid.*, vi, 69.

Jésus! qui pourrait oublier les joies de votre présence, la douceur de votre parole et l'onction de votre amour! Nous en garderons une fidèle mémoire, et notre âme défaillera d'amour dans ce souvenir : *Memoria memor ero, et tabescet in me anima mea*[1] *!*

Le monde plaît à notre imagination. Ce sont les fantômes des plaisirs mondains qui, s'emparant d'abord de l'imagination, finissent par séduire, entraîner et perdre la volonté. Mais, par la Communion, l'imagination est préservée. D'abord, elle est humiliée et totalement soumise dans un mystère où la foi seule nous parle et nous convainc. Ensuite, si elle veut se donner libre carrière, l'imagination trouve devant soi la ravissante figure de Jésus-Christ évoqué des profondeurs du sacrement qui le contient, et de l'histoire évangélique où sa vie et ses œuvres nous sont racontées. Elle peut aussi se complaire dans

---

[1] *Thren.*, III, 20.

les formes si poétiques du culte chrétien, et monter, de ces formes symboliques, aux éternelles cérémonies du culte de la gloire, devant l'autel sublime où l'Agneau s'immole au milieu des anges et des saints. Les couleurs célestes du tableau de la gloire viendront comme d'elles-mêmes se peindre dans une imagination chrétienne, pour la charmer et la ravir. Alors, les évocations dangereuses des formes mondaines disparaîtront ou seront impuissantes.

A son tour, la volonté se fortifie dans la Communion. Elle est rectifiée par la volonté du Verbe incarné. Elle veut, elle agit, elle opère avec Jésus-Christ et comme lui. Au chrétien qui sort de la table eucharistique, on peut dire ce que dit saint Augustin au fidèle qui aime Dieu : « Aimez, et faites ce que vous voudrez : » *ama, et fac quod vis.* L'amour, en effet, nous apprend alors à ne faire que la volonté de Dieu, selon l'exemple de Jésus-Christ, dont l'unique soin a été de se conformer à la volonté de son Père : *Non sicut ego volo, sed sicut tu*[1].

Enfin, le sentiment est tout entier sous l'empire du fort et doux amour du Sauveur. La Communion ne nous donne-t-elle pas le pain délicieux d'Aser, nourriture des rois : *Aser, pinguis panis ejus, et præbebit delicias regibus*[2]? Ce pain contient toute suavité : *Omne delectamentum*[3], dit l'Écriture. Le cœur ne veut plus ressentir que ce que Jésus-Christ lui-même sent au fond de ses affections : *Hoc sentite in vobis quod et in Christo Jesu*[4]. Du sentiment ému, ravi, transfiguré du chrétien, sort, avec des tressaillements ineffables de bonheur, une parole que l'âme seule peut entendre et qui s'écrie : « Mon Dieu et mon tout : » *Deus meus et omnia !* « O Dieu, mon âme défaille d'amour : » *Deficit anima mea*[5]*!* Anges du ciel, apportez des fleurs et des fruits, car je me meurs d'a-

[1] *Matth.*, xxvi, 39. — [2] *Gen.*, xlix, 20. — [3] *Sap.*, xvi, 20. — [4] *Philip.*, ii, 5. — [5] *Ps.*, lxxxiii, 3.

mour : *Fulcite me floribus, stipate me malis, quia amore langueo*[1] *!*

C'est ainsi, messieurs, que l'âme est pleinement unie à Jésus-Christ, par la Communion, et qu'elle est enrichie de pensées divines, de souvenirs divins, de célestes images, d'actes surnaturels et méritoires, d'ineffables sentiments et de sublimes transports. Et comment alors le monde et avec lui l'enfer tout entier seraient-ils plus forts que notre âme? Tout l'empire de la mort ne saurait prévaloir contre la vie de Dieu ; or, par la Communion, notre âme possède la vie de Dieu! Et non-seulement notre âme, messieurs, mais notre corps est investi de cette vie si puissante et si noble. Sous les espèces sacramentelles, en effet, c'est le corps vivant et glorieux du Verbe incarné que nous recevons, et ce corps sanctifie le nôtre; il le nourrit, il le fortifie, il le rend pur, il le prépare à la résurrection.

---

[1] *Cant.,* II, 5.

N'est-il pas arrivé souvent, comme le rapporte l'histoire d'un grand nombre de saints et de serviteurs de Dieu, que l'Eucharistie ait opéré des effets sensibles sur le corps de ceux qui la recevaient! Saint Grégoire, père de saint Grégoire de Nazianze, épuisé par une longue fièvre et sur le point de mourir, fut guéri le jour de Pâques, en communiant. Le même saint Grégoire de Nazianze nous raconte encore que sa mère recouvra une santé parfaite par la Communion, en recevant, dit-il, les pains qu'il avait lui-même consacrés à l'autel. Au rapport de ce saint évêque, — qui ne connaît ce fait? — sa sœur Gorgonia, après avoir employé vainement tous les remèdes, retrouva dans le remède de l'Eucharistie la force et la souplesse de ses membres paralysés. L'Eucharistie communique donc, non-seulement à l'âme, mais au corps, une vie divine, une force surnaturelle. Écoutons ici le langage des saints Pères.

« Non-seulement, dit saint Cyrille, l'Eucharistie éloigne la mort, mais en outre elle chasse toutes les maladies. En effet, le Christ demeurant en nous, apaise les insultes de l chair dont la loi sévit contre nous; il corrobore la piété; il dissipe les perturbations de l'âme. Il n'a pas égard à nos fautes, mais, nous voyant malades, il nous soigne; nous voyant brisés, il nous rétablit, et comme un bon pasteur qui donne sa vie pour ses brebis, il nous relève de toutes nos chutes[1]. »

« Jésus-Christ, par l'Eucharistie, dit saint Jean Chrysostome, s'est mêlé à nous, *semetipsum nobis immiscuit;* il a associé, par une sorte de fusion, son corps à notre être, *corpus suum in nos contemperavit,* afin que nous fussions UN avec lui, de même que le corps est un avec la tête. Cette union est le propre effet d'un ardent amour! » Le saint docteur conclut de l'union du chrétien avec Jésus-Christ, qu' « au sortir de la table eucharisti-

---

[1] Libr. xvii, c. IV.

que, nous sommes comme des lions qui ne respirent que le feu du combat, et que nous apparaissons terribles au démon ! » *Tanquam leones igitur ignem spirantes, ab illa mensa recedamus, facti diabolo terribiles*[1].

Le docte et pieux Corneille de la Pierre, expliquant ce verset du sixième chapitre de saint Jean : « Celui qui mange ma chair et qui boit mon sang demeure en moi et je demeure en lui[2], » remarque que la demeure que le Christ fait en nous par l'Eucharistie, et la conjonction qui a lieu entre lui et notre âme, nous associent à la chair du Fils de Dieu, et, conséquemment, nous unissent en réalité à la personne, à la divinité, à la toute-puissance de l'Homme-Dieu, comme la nourriture, dit-il, que nous prenons, se mêle et s'unit à notre corps : *Sicut cibus realiter unitur et commiscetur stomacho et carni nostræ*. Puis il cite Théophilacte qui, expo-

---

[1] Chrysost. *Homil.* 61. — [2] Joan., vi, 57.

sant le même verset de saint Jean, nous dit : « Dans ce passage, nous apprenons à connaître le sacrement de la Communion ; car, celui qui mange la chair et boit le sang du Seigneur, demeure dans le Seigneur, et le Seigneur demeure en lui. Il se fait un mélange nouveau, au-dessus de la raison, et par ce mélange, nous sommes en Dieu, et Dieu est en nous : » *contemperatio enim fit nova, et super rationem, ita ut sit Deus in nobis, et nos in Deo.*

« De même, ajoute saint Cyrille, qu'en faisant liquéfier ensemble deux portions de cire, ces deux portions ne forment plus qu'une seule masse, de même, par la réception du corps et du sang du Christ, le chrétien est tellement uni au Fils de Dieu, qu'il est dans le Fils de Dieu et que le Fils de Dieu est dans le chrétien. » Un peu plus loin, le même Père continue et dit : « De même qu'une petite portion de levain, comme le dit saint Paul, fait entrer en fermentation toute la pâte à laquelle on le mêle, ainsi le sacrement de l'Eucharistie attire et fait passer en Jésus-Christ tout l'homme qui le reçoit. » Au livre dixième, saint Cyrille complète sa doctrine en observant que « cette union de l'homme avec Jésus-Christ n'est pas le simple état de grâce ou l'habitude de la charité, mais une participation naturelle, physique s'il est permis de le dire, au Fils de Dieu : » *non habitudine solum quæ per Charitatem intelligitur, Christum in nobis esse, verum etiam et participatione naturali.* Il fait ensuite cette comparaison de deux portions de cire fondues ensemble, dont il s'est déjà servi ailleurs, et il conclut dans le sens de l'union la plus étroite et la plus sublime : *Sic communicatione corporis et sanguinis Christi, est ipse in nobis, et nos in ipso.*

C'est ce qu'enseignent pareillement saint Hilaire et saint Irénée, d'où saint Cyrille de Jérusalem ne craint pas d'assurer, en l'une de ses catéchèses, que, par la Communion.

les fidèles deviennent *christifères*, c'est-à-dire des hommes qui portent en eux-mêmes Jésus-Christ; ils sont comme des ostensoirs vivant du Verbe incarné, substantiellement unis à celui dont ils portent la vie et dont ils montrent la gloire; car, ajoute saint Cyrille, la Communion, qui nous rend *christifères*, nous rend aussi *concorporels* et *consanguins* du Christ : *Nos fieri Christiferos, imo concorporeos et consanguineos Christi*[1].

Toutefois, messieurs, il faut le dire pour ne rien exagérer, ce haut degré d'union avec le Verbe incarné ne vient que de la réception du sacrement de l'Eucharistie, et par conséquent ne demeure que pendant le court espace de temps où les espèces sacramentelles se maintiennent en nous sans altéraration complète; dès qu'elles ont disparu, dès qu'elles sont consommées, l'union substantielle avec Jésus-Christ, avec son corps et

---

[1] Apud Corn. a Lap., in Joan., c. VI.

son sang, n'a plus lieu. Mais, de l'union qui s'est faite un instant avec lui, du contact de son être sous le voile des espèces, notre âme, après la Communion, conserve la vigueur spirituelle comme un effet propre de la nourriture qu'elle a prise, et notre corps, une semence d'immortalité qui lèvera un jour, après avoir germé dans le sillon de la tombe, et qui s'épanouira au soleil de la résurrection.

Quelle dignité, quelle force, messieurs, le chrétien reçoit à la table sainte! que craindrions-nous au milieu du monde où Jésus-Christ nous envoie! « Si Jésus-Christ, dit le grand pape Innocent III, nous a soustraits par sa mort à la puissance du péché, par l'Eucharistie il nous délivre de la puissance de pécher! »

Donc, messieurs, allons avec ardeur, avec courage affronter l'enfer et le monde, combattre les vices et les erreurs, sauver les âmes et glorifier Dieu. Écrions-nous : Seigneur, vous êtes avec nous; nous ne craindrons aucun péril! *Non timebo mala, quoniam tu mecum es*[1]. Cette table eucharistique où nous viendrons souvent nous asseoir, ne l'avez-vous pas préparée à vos serviteurs contre leurs ennemis? *Parasti in conspectu meo mensam, adversus eos qui tribulant me*[2]. Que le monde nous verse ses poisons mortels : la vie du Christ en nous est une invincible vie. « O mort, où est ta victoire? ô mort, où est ton aiguillon? » *ubi est mors victoria tua? ubi est mors stimulus tuus*[3]? O Jésus! ô maître qui nous avez choisis pour disciples, nous voulons croire en vous, obéir à vos commandements, et propager votre règne dans le monde! daignez accomplir en notre faveur la parole que vous avez dite : « Si mes disciples boivent quelque poison mortel, ce breuvage ne leur sera pas nuisible : » *si mortiferum quid biberint, non eis nocebit.* « Seigneur,

---

[1] *Ps.*, XXII, 4. — [2] *Ibid.*, XXII, 6. — [3] *1 Cor.*, XV, 55.

nous avons espéré en vous, nous ne serons jamais confondus: » *in te, Domine, speravi; non confundar in æternum*[1]!

[1] *Ps.*, xxx, 1.

CINQUIÈME CONFÉRENCE

DE L'ACTION DES ADORATEURS DU TRÈS-SAINT SACREMENT, PAR LE MOYEN DES BONNES ŒUVRES, SUR LE MONDE LANGUISSANT ET MALADE.

« En mon nom, dit Notre-Seigneur, les croyants imposeront les mains sur les malades, et les malades seront guéris : » *Super ægros manus imponent, et bene habebunt.* Telle est, messieurs, la dernière parole que nous ayons à étudier, parmi celles de notre texte; tel est le suprême pouvoir dont Jésus-Christ vous revêt, et par l'effet duquel le monde doit être guéri!

Vous êtes donc, messieurs, constitués au

milieu du monde, en qualité de médecins spirituels. Sans doute, votre action n'a pas, comme l'action du prêtre, une efficacité sacramentelle. Le prêtre, ministre des Sacrements, guérit les fidèles par le baptême, la pénitence, et, à certains égards, par l'extrême-onction, en appliquant aux fidèles la matière et la forme de ces Sacrements. L'effet sacramentel est produit, dès qu'il n'y a pas d'obstacle de la part du sujet. C'est un résultat que la théologie appelle *ex opere operato*, c'est-à-dire produit *par l'opération même du rite des Sacrements*. Il n'en est pas ainsi de votre action; elle est toute morale. C'est une opération d'influence, de prière, d'édification, dont la force réside, par la grâce de Dieu, dans l'ascendant de vos vertus personnelles, *ex opere operantis*, comme dit l'école; mais c'est encore une action efficace, vraiment utile, requise à chaque instant et partout, et que le Fils de Dieu demande de vous, en vous envoyant dans le monde et en vous disant : « Imposez les mains sur les malades, et les malades seront guéris : » *Super ægros manus imponent, et bene habebunt.*

Quel est, messieurs, le malade auquel Jésus-Christ vous envoie, et que faut-il entendre par le rite mystérieux de l'imposition des mains? quelles sont les conditions requises pour que l'imposition des mains soit efficace de votre part?

C'est ce que nous allons voir dans ce discours, après que nous aurons imploré les lumières du Saint-Esprit par l'intercession de Marie, consolatrice des affligés et salut des infirmes. *Ave, Maria.*

I

L'Écriture mentionne souvent le rite de l'imposition des mains. Nous lisons que Notre-Seigneur et les apôtres ont imposé les mains, et nous voyons chaque jour les ministres de l'Église, dans les exorcismes, les Sacrements, les bénédictions solennelles, la confection et l'application de certains *Sacramentaux*, imposer les mains sur les personnes et sur les choses soumises à leur pouvoir. Il est facile de comprendre tout d'abord que le rite de l'imposition des mains contient un précieux symbole. C'est un signe d'autorité, de juridiction ; c'est un signe d'influence, de vertu, d'efficacité pénétrante, de souverain commandement. Les peuples l'ont ainsi compris, dans tous les temps, dans tous les lieux, même chez les païens. Le peuple juif, en particulier, pratiquait souvent ce rite symbolique. « Seigneur, disait un jour au Sauveur l'un des chefs de la synagogue nommé Jaïre, ma fille est à l'extrémité, elle se meurt; venez, imposez-lui les mains, afin qu'elle soit sauvée et qu'elle vive : » *Filia mea in extremis est; veni, impone manum super eam, ut salva sit, et vivat* [1]. Et telle est aussi, messieurs, la demande que le monde semble vous adresser. Ce qu'il a de plus cher, de plus intime, de plus sacré, je veux dire son inspiration, son pouvoir, son œuvre, sa civilisation, son succès, son prestige même, tout cela se meurt, parce que rien dans le monde n'est soutenu d'en haut; le monde n'a qu'une vie factice. Il semble, au dehors, qu'il soit vivant; on lui donne un nom qui désigne la

[1] Marc, v, 23.

vie; mais, en réalité, il se meurt chaque jour: il est mort! *Nomen habes quod vivas, et mortuus es*[1]. Allez donc vers le monde, messieurs, imposez-lui les mains afin qu'il vive, non plus de sa vie fausse et misérable, mais d'une vie puissante et sainte; de cette vie qui paraît, il est vrai, une mort aux yeux des insensés, mais qui, pourtant, n'est autre que la vie de Jésus-Christ, selon ce que le grand apôtre nous enseigne quand il dit: « Vous êtes morts, et votre vie est cachée avec le Christ en Dieu: » *Mortui estis, et vita vestra est abscondita cum Christo in Deo*[2].

Dans ce sens, messieurs, l'imposition des mains consiste pour vous à agir, par le moyen des bonnes œuvres, sur le monde malade et mourant. Vous imposez les mains quand vous accomplissez les œuvres de la charité chrétienne. « Toutes les fois, dit saint Grégoire, que les disciples du Sauveur

---

[1] *Apoc.*, III, 1. — [2] *Coloss.*, III, 3.

voient décroître et s'affaiblir le prochain dans le bien, s'ils viennent en toute vertu à son secours, et si, par l'exemple de leurs œuvres, ils fortifient sa vie chancelante, que font-ils autre chose, sinon imposer les mains sur les malades, afin que les malades soient guéris? » *Qui quoties proximos suos in bono opere infirmari conspiciunt, dum eis tota virtute concurrunt, et exemplo suæ operationis illorum vitam roborant qui in propria actione titubant : quid aliud faciunt, nisi super ægros manus imponunt, ut bene habeant?*

Le malade qu'il faut guérir, c'est le monde. « Depuis la plante des pieds jusqu'au sommet de la tête, il n'a rien de sain : » *A planta pedis usque ad verticem capitis, non est in eo sanitas*[1]. L'imposition des mains sur le monde, pour le guérir, c'est, messieurs, de votre part, l'accomplissement des bonnes œuvres.

---

[1] *Isaïæ.*, I, 6.

Soyez d'abord touchés, messieurs, de ce triste état de maladie qui dévore le monde. Eh quoi! vous auriez pitié d'un malade, d'un individu souffrant et qui réclamerait, par le cri de sa détresse, un secours fraternel, et vous demeureriez indifférents au spectacle de ce grand malade collectif qu'on appelle le monde? Mais Jésus-Christ a senti dans son âme une affectueuse, une secourable compassion pour le monde! « Je ne suis pas venu, disait-il, pour juger le monde, mais pour sauver le monde! » *Non enim veni ut judicem mundum, sed ut salvificem mundum*[1]. Un jour que la foule le suivait, persévérant depuis longtemps déjà dans l'attente de sa parole et de ses miracles, il s'écria : « J'ai pitié de cette foule : » *misereor super turbam*[2]*;* et conformant ses actes à ses sentiments, il guérit les malades, il multiplia les pains : il renvoya saine, rassasiée, heureuse et croyante cette

---

[1] Joan., XII, 47. — [2] Marc., VIII, 2.

foule qui avait mis en lui sa confiance et son espoir.

Messieurs et mes frères, ce sont des œuvres que le monde demande ! Vos paroles sans vos œuvres seraient impuissantes à le guérir et à le sauver. Agissez sur le monde par les œuvres de la piété chrétienne : le monde vous reconnaîtra pour disciples de Jésus-Christ, et adorera de nouveau ce Dieu fait homme que vous lui aurez révélé dans les miracles de votre amour !

Je me sens ici, messieurs, entraîné par mon sujet, et aussi par les besoins de notre époque, à vous parler avec quelque détail des bonnes œuvres dans le christianisme, de ces œuvres que la théologie et, après elle, le catéchisme appellent « les œuvres de miséricorde. » Appliquez, je vous prie, toute votre attention à cet enseignement essentiellement pratique et bien moins élémentaire qu'on ne le croit tout d'abord. Notre siècle est, dit-on, un siècle de bonnes œuvres ; faisons en sorte que les bonnes œuvres de notre siècle soient des œuvres chrétiennes, des œuvres surnaturelles; en un mot, des œuvres de charité, dans toute la force de cette appellation. Sans cela, le monde malade ne sera point guéri.

En premier lieu, qu'est-ce que la miséricorde? Saint Augustin nous en donne, messieurs, une belle définition, quand il dit que « la miséricorde n'est pas autre chose qu'une certaine compassion que nous éprouvons au fond du cœur pour la misère d'autrui, et en vertu de laquelle nous sommes portés à secourir le prochain selon notre pouvoir : » *Quid est autem misericordia, nisi alienæ miseriæ quædam in nostro corde compassio, qua utique, si possimus, subvenire compellimur.* « Mais pourtant, ajoute saint Augustin, il faut que ce mouvement du cœur soit soumis à l'empire de la raison, afin que la miséricorde n'enlève rien aux droits de la justice : » *Servit autem motus iste rationi, quando ita præbetur miseri-*

cordia, ut justitia conservetur[1]. » En effet, le divin Maître n'a pas dit seulement: « Bienheureux les miséricordieux, » mais il a dit aussi : « Bienheureux ceux qui ont faim et soif de la justice[2]. » Une miséricorde sans justice porterait le désordre et la confusion dans l'amour, comme une justice tellement stricte qu'elle n'admettrait point le tempérament de la miséricorde, serait la violation et le renversement du droit et une souveraine injustice : *summum jus, summa injuria*. La charité est réglée; c'est Dieu lui-même qui la met dans un ordre plein de sagesse, au fond des cœurs : *Ordinavit in me charitatem*[3], dit l'épouse des saints Cantiques.

La miséricorde nous porte à donner; elle se confond ainsi quelquefois, dans l'Écriture, avec l'aumône. Les Pères de l'Église, après les écrivains sacrés, exaltent à l'envi la miséricorde. Saint Jean Chrysostome ne craint

---

[1] Aug. *de Civit. Dei.*, libr. IX, c. v. — [2] Matth : v, 6.
[3] Cant. ii, 4.

pas de dire que « la miséricorde est la gardienne du salut et l'ornement de la foi ; que c'est elle qui obtient la rémission des péchés ; qu'elle est la preuve de la justice, la force de la sainteté, et la marque authentique des serviteurs de Dieu[1]. » Si nous en croyons saint Ambroise, « la miséricorde est le sommaire de toute la discipline du christianisme » : *Omnis summa disciplinæ christianæ in misericordia et pietate est*[2].

C'est un dogme du christianisme que la foi toute seule ne suffit pas pour le salut. « La foi sans les œuvres est une foi morte, » dit l'apôtre saint Jacques : *Fides sine operibus mortua est*[3]. Selon saint Paul, ce qui est efficace pour le salut, c'est « la foi qui opère par la charité, » c'est-à-dire par la grâce sanctifiante, d'une part, et, de l'autre, par les œuvres, soit à l'égard de Dieu, soit à l'égard du prochain, — la charité ayant deux objets, tout en restant une

---

[1] *Homil.*, xxxii, in *Epist. ad Heb.* — [2] *In Epist. I ad Tim.* c. iv. — [3] Jac., ii, 26.

seule et même charité : *Fides, quæ per charitatem operatur*[1]. — Les chrétiens sont donc obligés à faire des œuvres; ils doivent montrer leur foi dans leurs œuvres, comme le dit encore l'apôtre saint Jacques, que nous avons déjà cité[2].

Mais quelles sont donc les œuvres de charité propres aux chrétiens? Ce sont, messieurs, les œuvres dites de miséricorde, et elles se divisent en deux classes. Les unes appartiennent à l'esprit, ce sont les œuvres de miséricorde spirituelle; les autres appartiennent au corps, ce sont les œuvres de miséricorde corporelle. Cette division est de la plus haute importance, et répond à l'idée complète du christianisme. Selon le plan de Dieu, l'homme est saint et glorieux, non-seulement dans son âme, mais dans son corps. Jésus-Christ est Dieu et homme tout ensemble. Il a racheté l'homme tout entier. Notre

---

[1] *Gal.*, v, 6. — [2] Jac., *ibid.*, 18.

âme est immortelle et notre corps doit ressusciter un jour. Notre corps et notre âme, hypostatiquement unis, sont destinés, après la résurrection, à jouir de la félicité de Dieu dans le ciel, à la suite de Jésus-Christ, qui nous a précédés et qui nous appelle par ses mérites et par ses supplications. Il vit lui-même dès maintenant dans chacun de ses frères. Son corps sanctifie leur corps; son âme, leur âme; sa divinité revêt tout leur être de splendeur; elle est l'onction mystique qui les fait enfants de Dieu. Dès lors, ce que nous accomplissons en faveur de chaque chrétien, c'est en faveur de Jésus-Christ lui-même que nous l'accomplissons. Mais n'anticipons pas; je reviendrai bientôt sur ce point si important et si admirable de la doctrine chrétienne.

Il suffit de comprendre maintenant que les œuvres de miséricorde corporelle soulagent dans le corps des fidèles, le corps souffrant de Jésus-Christ, et dans leur âme, assistent son âme. Mais est-ce donc que l'âme du Christ doit être assistée? Non, sans doute, en elle-même; mais dans les frères de Jésus-Christ. L'âme de Jésus-Christ a été triste, languissante et défaillante à Gethsémani. Elle a été fortifiée par un ange, au moment de la lutte suprême du Fils de l'homme contre le péché, pour nous apprendre que les anges visibles de la charité doivent assister l'âme des chrétiens, la fortifier, l'éclairer et la consoler. Quand vous rendez à l'âme de votre frère ces soins pieux de l'ange qui parut dans le jardin de l'agonie, vous êtes vous-mêmes des anges consolateurs; et quand vous rendez au corps de votre frère les offices d'assistance et de secours que réclame sa misère, vous êtes semblables à ce Joseph d'Arimathie et à ces saintes femmes qui embaumèrent le corps du Sauveur, et qui n'ont été choisis pour ce ministère qu'afin de devenir à jamais, au milieu de l'Église, les patrons et les modèles des chrétiens appelés à l'accomplissement des œuvres de miséricorde corporelle.

Ainsi divisées en deux classes, et répondant, d'une part, à la double nature de l'homme, et, de l'autre, à la double nature de Jésus-Christ vivant, par la grâce et surtout par les Sacrements, dans l'homme chrétien, les œuvres de miséricorde, afin de s'appliquer à tous nos besoins, se subdivisent, par chaque classe, en sept œuvres principales, toutes nommées et recommandées par l'Écriture et par les saints Pères, et toutes pratiquées, dans tous les temps, au sein de l'Église catholique. Permettez-moi, messieurs, de vous rappeler chacune de ces œuvres par son nom, et, d'abord, de vous faire remarquer le symbolisme de leur nombre. Il y a sept œuvres de miséricorde, comme il y a sept sacrements, comme il y a sept dons du Saint-Esprit, comme il y a sept Béatitudes, car la huitième ne constitue pas un nouveau degré de perfection, mais sert plutôt de marque et de signalement à la perfection acquise. Il serait facile de vous indiquer, en outre, le rapport intime qui existe entre les Béatitudes de l'Évangile, les dons du Saint-Esprit, les sacrements et les œuvres de miséricorde, et ce rapport a été établi, en effet, par quelques Pères et par plusieurs auteurs spirituels. Mais ce détail nous conduirait au delà des bornes naturelles de cette conférence, et je me hâte d'arriver à la désignation nominale des sept œuvres de miséricorde.

Voici d'abord celles qui regardent l'âme : 1° *Corriger les pécheurs;* c'est-à-dire les reprendre, les ramener dans le bon chemin, les punir même, quand il le faut pour leur salut. 2° *Instruire les ignorants;* leur donner la connaissance de Dieu, de Jésus-Christ, de l'Église ; allumer dans leur intelligence le flambeau de la vérité qui éclaire l'homme sur la route de ses destinées. 3° *Donner conseil à ceux qui doutent,* guider ainsi leur volonté pour qu'elle choisisse sagement les moyens propres à l'obtention de la fin souhaitée. 4° *Prier pour les vivants et pour les morts;* les secourir par le suffrage de nos prières, leur venir en aide par la réversibilité des mérites; car, grâce à la communion des saints, ce que nous faisons pour nos frères leur est applicable, s'ils sont vivants et si nous vivons nous-mêmes de la vie de Jésus-Christ. 5° *Consoler les affligés;* surtout par des paroles de foi et par l'espérance du ciel. 6° *Supporter patiemment les injures;* comme le dit l'Apôtre, « vaincre par le bien, le mal : » *Vincere in bono malum*[1]. 7° Enfin, *pardonner le mal qu'on nous fait;* c'est le précepte de Jésus-Christ. Il a pardonné lui-même sur la croix à ses ennemis et à ses bourreaux.

Quelles sont touchantes, messieurs, ces œuvres de miséricorde spirituelle! Elles viennent au secours de toutes les misères de l'âme humaine, elles guérissent toutes ses maladies.

Voici maintenant les œuvres de miséricorde corporelle : 1° *Nourrir ceux qui ont faim;*

[1] *Rom.*, xii, 21.

2° *Donner à boire à ceux qui ont soif;* 3° *Couvrir ceux qui sont nus;* 4° *Racheter les captifs;* 5° *Visiter et assister les malades;* 6° *Donner l'hospitalité aux pèlerins et aux voyageurs;* 7° *Ensevelir les morts.* Toute réflexion, tout commentaire serait inutile ici. Les paroles de Notre-Seigneur, les exemples des saints de l'Ancien Testament et de ceux de l'alliance nouvelle se présentent en foule à la mémoire, pour nommer, comme nous venons de le faire, et pour recommander ces œuvres.

En les accomplissant, messieurs, vous obéirez au précepte de Jésus-Christ, qui vous envoie dans le monde « imposer les mains sur les malades : » *Super ægros manus imponent.* Le monde est couvert d'une immense misère; il est malade dans son âme et dans son corps, et il appelle une grande miséricorde! Allez, et le guérissez, au nom du Dieu Sauveur. *In nomine meo... Super ægros manus imponent, et bene habebunt.*

Mais, pour agir ainsi, au nom de Jésus-

Christ, sur le monde malade, ce n'est pas, messieurs, d'une simple vertu de bienfaisance, et de ce que l'on appelle l'humanité, la philanthrophie, qu'il faut être armé : c'est de la charité. Il y a une différence absolue, radicale, entre la philanthropie naturelle et la charité; et cette différence forme une partie si intéressante et si capitale de l'enseignement chrétien, que nous devons nous y arrêter pour en parler avec quelque étendue.

II

La condition requise, messieurs et mes frères, pour que vos œuvres soient efficaces, dans le sens chrétien, au milieu du monde, c'est qu'elles soient des œuvres de charité. Nous sommes donc ici conduits à examiner, selon la doctrine catholique, la question de la charité. Appliquez-vous, messieurs, car il n'y a guère de question plus haute, ni qui soit plus généralement ignorée, même parmi les chrétiens, que celle de la charité.

Saint Jean, voulant définir Dieu sous le rapport de la tendresse, s'écrie éloquemment que « Dieu est charité : » *Deus charitas est.* Pour nous rendre bien compte du sens de cette parole, il faut recourir à l'étymologie du mot charité. Or, les Grecs, dans leur harmonieux langage, appelaient Χάρις (charis) un don gratuit, un don d'affection, de bienveillance. Du mot grec Χάρις les Latins ont fait *charitas*, et nous, *charité*. Par conséquent, appeler Dieu charité, c'est l'appeler un don gratuit. Et comme l'amour n'est que le don gratuit du cœur, c'est aussi l'appeler amour, dans le sens le plus excellent de ce mot. La langue chrétienne a donc créé la plus heureuse des synonymies, lorsqu'elle a confondu dans une seule et même acception, la grâce ou le don gratuit, et l'amour. Désormais, en nommant le don suréminent, nous saurons que nous nommons l'amour, et en nommant l'amour, nous saurons que nous nommons Dieu lui-même : *Deus charitas est.*

Mais si Dieu est charité, s'il est amour, s'il

est un don, il faut que nous sachions, messieurs, comment et pourquoi il se donne. Notre cœur, aussi bien que notre esprit, demandent une révélation plus abondante de ces mystères qui sont faits pour eux, et qu'ils ne peuvent goûter que dans la pleine lumière d'une foi éclairée par les splendeurs de la vérité.

Eh bien! Dieu est un don, il est le don parfait, d'abord parce qu'il se donne lui-même, et ensuite parce qu'il est le principe, la raison et la fin de tout don. En Dieu sont contenus tous les trésors de la vie et de l'être, toutes les lumières de l'intelligence, tous les sentiments du cœur, tous les mouvements et toutes les forces des corps. Dieu est le réservoir infini des beautés de la nature et de la grâce. Hors de lui il n'y a rien qui puisse s'enorgueillir d'avoir l'être par soi. Tout ce qui est relève de sa puissance créatrice et de son action providentielle.

Tout bien, tout être, toute réalité, toute vie vient donc de Dieu et salue en Dieu son Auteur et son Père. Dieu est ainsi la source, le principe et le moyen de tout don. J'ajoute qu'il en est encore la raison et la fin.

S'il donne, en effet, c'est sans doute par bonté, par amour; c'est dans l'intérêt de celui qui reçoit. Mais remarquez, je vous prie, messieurs, quelle est cette bonté, quel est cet amour. Ce n'est pas une bonté et un amour de justice, car Dieu ne doit rien à ce qui n'existerait pas sans lui. Ce n'est pas non plus une bonté ni un amour de reconnaissance, car Dieu ne peut être obligé à la reconnaissance envers ce qui tient tout de lui. Dieu donne donc par un amour de pure générosité que rien ne précède et que rien n'appelle, si ce n'est cet amour lui-même qui veut se donner. Or, cet amour est en Dieu, c'est le cœur même de Dieu, et, par conséquent, Dieu est le motif et la raison de tout don. Il en est aussi la fin, car l'amour que Dieu donne, il le donne pour sa gloire et pour notre salut; de sorte que cet amour revient au principe duquel il procède, comme les grands fleuves, après avoir fertilisé les terres qu'ils arrosent, reviennent à leur source par l'action du soleil qui les transforme en vapeur et les porte sur les hautes montagnes. Par conséquent, messieurs, Dieu est la fin de tout don, comme il en est la raison et le principe. Dieu est le don suprême, il est amour, il est charité; c'est là son nom le plus beau, le plus suave et le plus populaire : *Deus charitas est*.

Mais laissons là, messieurs, ces raisonnements abstraits, qui touchent peu notre âme. Entrons à pleines voiles dans les réalités vivantes de l'amour divin, et voyons ce que Dieu nous a donné. Mesurons son amour à ses dons, afin de mesurer notre reconnaissance à son amour.

— Quels sont les dons que Dieu a faits à l'homme?

Le premier don fait à l'homme par Dieu, c'est la nature. A une distance infinie de Dieu et du trône où il est assis dans sa gloire, voyez-vous rouler dans l'espace ces astres étincelants dont l'un préside au jour et les autres à la nuit? Voyez-vous, au-dessous de leurs sphères, cette terre qu'arrosent les fleuves et que baignent les mers? Sur la terre, ces montagnes majestueuses, ces forêts épaisses, ces plantes aux couleurs variées, ces fruits savoureux ; dans les airs et sur la terre, ces animaux sans nombre, guidés par l'instinct, supérieurs aux plantes et aux minéraux et inférieurs à l'homme qui règne sur eux et sur tous les êtres visibles comme un roi sur ses sujets? Eh bien! cet immense domaine des mondes et des êtres qu'ils contiennent, c'est le domaine de la nature et le premier don de Dieu; c'est le premier joyau du magnifique écrin enrichi par son amour. La nature est le miroir de Dieu ; en la contemplant, nous y voyons les traits de l'Être divin qui s'y reflète, mais nous n'y voyons pas Dieu lui-même face à face. Nous ne pouvons y saisir que son ombre, y découvrir que les vestiges de son action, que l'empreinte de sa puissance, de sa sagesse, de sa bonté. En nous donnant la nature, Dieu ne nous a légué que l'énigme de son nom. Il ne s'est pas dévoilé, il ne s'est pas livré aux étreintes de notre intelligence et de notre cœur dans la pleine et vivante réalité de son être.

Pourtant notre âme aspire à voir Dieu. Elle le cherche, elle le demande, elle l'appelle sans cesse. Comme l'épouse des Cantiques, elle dit à tout ce qui peut l'entendre : « N'avez-vous pas vu celui que mon cœur aime[1]? » Puis, s'adressant à Dieu : « O le bien-aimé de mon âme, lui dit-elle, indiquez-moi vos

[1] *Cant.*, III, 5.

pâturages et le lieu de votre repos au milieu du jour[1] ! » Avec le prophète David, elle s'écrie encore : « Comme le cerf altéré soupire après les sources d'eau vive, ainsi mon âme vous désire, ô mon Dieu[2] ! » Pour répondre à cet appel, et pour satisfaire ce désir qu'il a mis en nous, et que nous n'aurions jamais éprouvé s'il ne nous fût venu d'en haut, Dieu s'est donné lui-même à l'homme; et c'est pour se donner à l'homme qu'il a créé l'ordre de la grâce, qui est l'ordre des rapports directs et intimes avec Dieu. La grâce est un don surnaturel qui nous élève au-dessus de nous-mêmes, et qui nous rend capables de voir un jour Dieu face à face dans le ciel. La grâce est un germe divin dont la gloire est le complet développement. C'est une fleur du ciel qui croît ici-bas, mais qui ne s'épanouit que dans la lumière de l'éternité. Quand la gloire inondera de ses splendeurs

---

[1] *Cant.*, i, 6. — [2] *Ps.*, xli, 2.

notre âme transfigurée, nous verrons Dieu dans sa propre essence, face à face, *facie ad faciem*[1], et alors, comme dit le Prophète, nous serons rassasiés. *Satiabor, cum apparuerit gloria tua*[2]. Quiconque porte dans son cœur la grâce, porte l'étincelle qui doit au ciel allumer dans notre âme l'incendie des splendeurs divines. Il porte le rayon de l'immortel foyer qui est en Dieu, les prémices de la béatitude, les arrhes de l'éternité.

Mais où est la grâce? qui la voit? qui donc possède la preuve qu'elle existe? Dieu nous l'a-t-il montrée? nous a-t-il donné un gage qu'elle n'est pas le rêve d'une ambition trop haute? — Écoutez saint Jean : « Et le Verbe, dit-il, s'est fait chair, et il a habité parmi nous, plein de grâce et de vérité : » *Et Verbum caro factum est, et habitavit in nobis..., plenum gratiæ et veritatis*[3]. Qu'est-ce à dire, sinon que Dieu, pour nous prouver la réalité

---

[1] I* *Cor.*, xiii, 12. — [2] *Ps.*, xvi, 15. — [3] Joan., i, 14.

du don de la grâce, nous a donné son propre Fils, en qui réside la plénitude de ce don surnaturel? Ah! chrétiens, c'est ici la preuve la plus grande de la charité de Dieu pour les hommes. « Oui, dit saint Jean, dans cette belle épître qui sert de texte à mon discours, en cela s'est montrée la charité de Dieu pour nous, qu'il a envoyé son Fils unique dans le monde, afin que nous vivions par lui : » *In hoc apparuit charitas Dei in nobis, quoniam Filium suum unigenitum misit Deus in mundum ut vivamus per eum*[1]. Jésus-Christ est la preuve de la grâce, il en est aussi la cause méritoire et le principal instrument. Il est le don surnaturel de Dieu à l'humanité; don vivant et vivificateur qui prévient en nous tout amour et tout don. Car, continue le même apôtre, « ce n'est pas nous qui avons d'abord aimé Dieu, mais c'est Dieu qui nous a aimés le premier : » *In hoc est charitas : non*

---

[1] I Joan., iv, 9.

quasi nos dilexerimus Deum, sed quoniam ipse prior dilexit nos[1]. De toute éternité Dieu nous a aimés; et quand, infidèles aux dons qu'il nous avait si libéralement départis, nous nous sommes perdus par le péché, Dieu, afin de nous restituer son amour et notre dignité, a envoyé son Fils comme un remède à nos blessures et une propitiation pour nos péchés : *Et misit Deus Filium suum propitiationem pro peccatis nostris*[2]. Jésus-Christ, dans l'ordre de la grâce, et le monde, dans l'ordre de la nature, sont par conséquent la preuve que Dieu est un don, qu'il est charité, qu'il est amour. Convaincus par cette double preuve, nous ne pouvons que répéter sans cesse, dans le ravissement de l'âme, la parole de saint Jean : « Dieu est charité : » *Deus charitas est*.

Mais saint Jean ne dit pas seulement : « Dieu est charité; » l'apôtre ajoute : « Celui

---

[1] I Joan, iv. 10. — [2] *Ibid.*, 10.

qui demeure dans la charité demeure en Dieu et Dieu en lui : » *Et qui manet in charitate, in Deo manet et Deus in eo*[1]. C'est-à-dire que celui qui s'unit d'une manière intime et fixe au don de Dieu, en s'unissant à ce don, s'unit à Dieu et demeure en lui. En participant au don, il participe à celui qui le fait, il vit de lui, en lui et par lui ; il ne fait qu'un avec lui, et c'est alors la communion de Dieu avec l'homme et de l'homme avec Dieu.

Or, comment participer au don de Dieu ? En premier lieu, comment s'unir à la nature ? On s'unit à la nature, dans l'ordre de l'intelligence, par la connaissance des vérités, des harmonies, des lois, des beautés que le monde contient. On s'unit à la nature, dans l'ordre des sens, principalement par cette action, commune en apparence, mais profondément symbolique, du

[1] I Joan., iv, 16.

manger et du boire qui change en notre propre substance, en notre chair et en notre sang, les substances alimentaires. Par cette double communion de l'esprit et de la chair avec le monde intellectuel et moral et le monde physique, le don naturel de Dieu est en nous, et nous sommes en lui.

En second lieu, on s'unit au don surnaturel de Dieu, à Jésus-Christ « plein de grâce et de vérité, » par la foi accompagnée des œuvres. « Quiconque, dit saint Jean, confesse que Jésus-Christ est le Fils de Dieu, Dieu demeure en lui et lui en Dieu : » *Quisquis confessus fuerit quoniam Jesus est Filius Dei, Deus in eo manet, et ipse in Deo*[1]. C'est donc par la foi d'abord que nous participons au don surnaturel de Dieu; c'est par la croyance pleine et entière en Jésus-Christ, Fils de Dieu et Sauveur du monde. Cette croyance est la racine du salut, le fondement

[1] I Joan., IV, 15.

de l'espérance et de la charité. Or, cette foi ne vient pas de nous : « C'est le Saint-Esprit, dit saint Jean, qui nous la donne : » *Quoniam de Spiritu suo dedit nobis*[1]. Après la foi viennent les préceptes. Selon saint Jacques, « la foi sans les œuvres est une foi morte[2]. » Et Notre-Seigneur a dit : « Si quelqu'un garde mes commandements, mon Père l'aimera, et nous viendrons en lui, et nous ferons en lui notre demeure[3]. »

Le troisième moyen de s'unir au don surnaturel de Dieu, c'est l'Eucharistie. Elle contient véritablement, réellement et substantiellement Jésus-Christ, le don de Dieu par excellence. Elle résume la foi, l'espérance, l'amour, les préceptes; elle fait dire à celui qui la reçoit ces paroles de l'apôtre saint Paul : « Je vis, non plus moi, mais Jésus-Christ vit en moi[4]. » Aussi l'Eucharistie est-elle appelée le sacrement de l'amour. Par les apparences du pain

---

[1] I Joan., vi, 13. — [2] Jac., ii, 20. — [3] Joan., xiv, 23. — [4] Gal., ii, 20.

et du vin, elle symbolise l'union de l'homme avec les dons de Dieu dans l'ordre de la nature, et par le Verbe fait chair, qui devient notre nourriture sous ses apparences sacramentelles, elle nous élève au plus haut degré de l'union surnaturelle de l'homme avec Dieu sur la terre. Après l'Eucharistie, il n'y a plus pour l'homme que l'union dans la gloire du ciel.

En résumé, la nature et la grâce, le monde et Jésus-Christ, sont les dons par lesquels Dieu se communique à l'homme. Ces dons peuvent par conséquent être appelés *charité;* or, s'unir aux dons de Dieu, c'est demeurer en Dieu. D'où il suit que celui qui s'unit à la nature et à la grâce demeure en Dieu et Dieu en lui, selon cette parole : « Dieu est charité, et celui qui demeure dans la charité demeure en Dieu et Dieu en lui : » *Deus charitas est, et qui manet in charitate, in Deo manet, et Deus in eo.*

O Dieu! vous êtes charité, vous êtes le don

suprême, vous êtes la source, la raison et la fin de tout don ! Vous venez en nous par la nature, et surtout par votre Fils Jésus-Christ. Se séparer de la nature, c'est mourir selon le corps ; se séparer de la grâce, se séparer de Jésus-Christ, c'est mourir selon l'esprit, pour la vie éternelle. Rester uni à la nature, par les fonctions de la vie terrestre, c'est vivre de la vie temporelle ; rester uni à Jésus-Christ par la foi et les œuvres, c'est vivre de la vie divine, qui est au siècle des siècles. En un mot, se séparer de vos dons, qui sont les effets de votre amour, c'est se séparer de votre charité. Or, « celui qui n'aime pas, demeure dans la mort : » *Qui non diligit, manet in morte* [1]. Donnez-nous donc la vie en nous donnant votre amour ! O Dieu, qui êtes charité, faites que nous soyons en vous, et que vous soyez en nous ! Réalisez dans nos cœurs ce mystère de votre vie, et après nous avoir

---

[1] I Joan., III, 14.

fait connaître « que vous êtes charité, et que « celui qui demeure dans la charité demeure « en vous, et vous en lui, » apprenez-nous, Seigneur, ce que votre charité demande de tous ceux en qui elle demeure!

III

Quand le don de Dieu repose dans notre âme et nous pénètre; quand « la grâce de Notre-Seigneur Jésus-Christ, et la charité de Dieu, et la communication du Saint-Esprit[1], » comme parle saint Paul, sont au milieu de nous, alors, mes frères, nous aussi nous sommes charité; car la participation aux

---

[1] II *Cor.*, XIII, 15.

dons de Dieu nous transforme en la charité de ces dons. Et, dès lors, le premier et le plus impérieux besoin que nous éprouvions, c'est de donner, par amour de reconnaissance, ce que nous avons reçu par amour de générosité. Le don appelle le don. Quiconque reçoit doit s'écrier avec David : « Que rendrai-je au Seigneur pour tous les biens dont il m'a comblé? » *quid retribuam Domino pro omnibus quæ retribuit mihi*[1]? Le prophète ne dit pas simplement : « Que rendrai-je? » il dit : « Que rendrai-je au Seigneur? » car c'est à celui de qui vient le bienfait que la reconnaissance renvoie le bienfait. Par cet échange, il s'établit entre Dieu et l'homme un commerce d'amour intime, et plus l'homme rend au Seigneur, plus le Seigneur lui accorde de grâces. Voyez la propriété des termes dans le langage chrétien; comme elle est expressive! Nous appelons *action de grâce* l'acte par le-

[1] *Ps.* cxv, 12

quel nous témoignons à Dieu notre reconnaissance, c'est-à-dire l'acte par lequel nous renvoyons à Dieu, comme un hommage, la grâce, le don gratuit que nous en avons reçu. Ainsi, parce que « Dieu est charité, et que celui qui demeure dans la charité demeure en Dieu et Dieu en lui, » il faut que, sous l'impulsion de cette charité, nous rendions à Dieu ce qu'il nous a donné. Or, dans son amour, Dieu nous a donné la nature et la grâce, le monde et Jésus-Christ, la terre et le ciel, la vie temporelle et la vie éternelle, il faut donc que nous rendions à Dieu tous ces biens.

Mais comment les lui rendre? Est-ce donc qu'il en a besoin? N'est-il pas infini, n'est-il pas souverainement heureux? n'est-il pas la source de notre richesse, de notre bonheur, de notre vie tout entière? Peut-il nous appartenir de rendre quelque chose à Dieu? et d'ailleurs comment lui rendre un bienfait? Est-ce qu'il est visible? Aurait-il donc une main pour recevoir nos offrandes? un trésor pour les enserrer? une table pour goûter nos mets? O Dieu! le prophète Isaïe s'écrie que « vous êtes un Dieu caché : » *vere tu es Deus absconditus*[1]! et moi je voudrais vous donner quelque bien! Mais du moins, Seigneur, paraissez! montrez-vous de quelque manière, afin que nous puissions vous témoigner notre reconnaissance! Or, mes frères, Dieu s'est fait voir à nous, et nos actions de grâces peuvent lui être offertes. Par un sublime stratagème, digne de ses vues et de son cœur, Dieu a mis à sa place les pauvres, les malheureux, et, nous parlant par la bouche de son Fils Jésus-Christ, il a dit : « Tout ce que vous aurez fait au moindre d'entre eux, c'est à moi que vous l'aurez fait : » *quandiù fecistis uni ex his fratribus meis minimis, mihi fecistis*[2]. C'est pourquoi il daigne les appeler ses frères et pour ainsi dire d'autres lui-même. Depuis le jour où

---

[1] Isaiæ, XLV, 15. — [2] Matth., XXV, 40.

cette parole a été prononcée, la charité chrétienne a couronné les pauvres d'une auréole de respect et d'amour que les rois eux-mêmes n'ont jamais obtenue. Les chrétiens ont compris que visiter les pauvres, secourir leur infortune, vêtir leur nudité, apaiser leur faim, étancher leur soif, éclairer leur ignorance, les édifier, les assister, en un mot, selon le corps et selon l'âme, c'est assister Dieu et le servir. Le pauvre est aux yeux de la foi le sacrement de Dieu. Sous les haillons de l'indigence, Dieu se cache en effet ; sous ces viles apparences que le monde repousse, mais que les saints vénèrent, Dieu voile sa splendeur et sa félicité. Il condescend à se faire mendiant pour que nous puissions lui rendre tout l'amour qu'il nous donne. Il veut nous mettre à l'épreuve : il veut connaître si nous lui ressemblons. Après nous avoir tant donné, il nous demande, par charité, les miettes du festin somptueux qu'il nous a servi. Étranger, sans asile, sans amis, sans protecteurs, il frappe à notre porte : *Ecce sto ad ostium et pulso*[1]. Heureux ceux qui lui feront accueil! ils seront les hôtes de Dieu. Donc c'est aux pauvres qu'il faut donner pour rendre à Dieu ce que nous en avons reçu. La Religion nous dit : Faites aux pauvres la charité. Quelle belle parole! C'est dire : il faut rendre au pauvre, comme au représentant de Dieu, ce don suprême de l'amour par lequel Dieu est en nous et nous en Dieu. Il faut donner aux pauvres la nature et la grâce, le monde et Jésus-Christ, la vie temporelle et la vie éternelle, afin que le pauvre participe à son tour à la charité de Dieu, et que tous nous soyons en Dieu, et que Dieu soit en nous tous dans la plénitude de ses dons.

Or, mes frères, donner, en premier lieu, la nature, la vie temporelle aux pauvres, c'est leur donner les secours du corps dont ils ont un si grand besoin. Ils manquent de pain,

---

[1] *Apoc.*, III, 20.

de vêtements, de feu, de remèdes; on dirait que la nature n'a pas été créée féconde pour eux, et qu'ils ne sont venus s'asseoir à son splendide banquet que pour y souffrir plus cruellement les douleurs d'une faim qu'ils ne peuvent apaiser. Hélas! c'est à peine s'ils ont une place au soleil, sur ce globe inhospitalier! Mais vous, messieurs, vous êtes les fils privilégiés de la Providence. Que votre cœur s'émeuve au spectacle de tant de souffrances; soyez charitables, rendez à Dieu le don de la nature, en donnant aux indigents l'aumône temporelle, l'aumône qui doit sustenter leur corps: c'est le premier devoir de la charité.

En second lieu, rendez à Dieu le don de la grâce, en donnant aux pauvres Jésus-Christ.

Donner aux pauvres Jésus-Christ, c'est leur donner les moyens de s'instruire dans la foi et de pratiquer les vertus du christianisme. C'est leur donner la vie de l'âme, la vie de la grâce, la vie dont Notre-Seigneur est la source. C'est leur donner, pour étancher leur soif, cette eau mystérieuse dont il a dit : « L'eau que je donnerai deviendra en vous une fontaine jaillissante pour la vie éternelle[1]. » La condition des pauvres est telle, qu'ils sont privés non-seulement des biens du corps, mais des biens de l'intelligence. Obligés, pour gagner leur pain de chaque jour, de travailler sans relâche, ils n'ont ni le temps ni les moyens de s'instruire. Ainsi négligée, l'intelligence disparaît en quelque sorte chez eux, le sentiment moral s'émousse, l'instinct du surnaturel fait place aux appétits les plus grossiers, et ces hommes, dont le baptême ait des êtres divins, la misère en fait un je ne sais quoi qui n'a plus de nom dans l'humanité. Mais remuez cette terre grossière, fouillez ce sol couvert de ronces et d'épines, et vous trouverez un terrain fécond. Semez, arrosez : bientôt la plus belle moisson

[1] Joan., IV, 14.

récompensera vos efforts et bénira votre pieux travail. C'est qu'il y a une âme, un cœur, une intelligence dans le pauvre comme dans le riche. C'est que le pauvre est capable de recevoir et de goûter le bien, de le produire et de le multiplier à son tour. Image de Dieu mutilée par les coups de l'infortune, le pauvre reparaîtra en gloire dans l'assemblée des Saints, si la main de la charité répare en lui les injures de la fortune et du temps. Diamant tombé des cieux dans la boue de ce monde, le pauvre brillera de nouveau, si la charité prend soin de le purifier dans le sang du Rédempteur. Quelle gloire pour Dieu, quelle joie pour l'Église, quel avantage moral pour la société, si les pauvres devenaient des chrétiens véritables, s'ils aimaient leur pauvreté, ou du moins s'ils la supportaient patiemment, dans l'espoir qu'un jour les richesses du ciel seront la récompense d'une vie sanctifiée par l'onction de la douleur! Brûlant de zèle pour une œuvre si grande, Notre-

Seigneur s'appelait avec un saint orgueil l'Évangéliste des pauvres : *Evangelizare pauperibus misit me*[1]. Durant trente-trois ans il fut pauvre lui-même, et pendant trois ans d'apostolat il prêcha particulièrement aux pauvres. A l'exemple du Sauveur, l'Église fit des pauvres la meilleure part du troupeau des âmes. Les pauvres eurent dans l'Église une sorte de royauté qui commandait à tous, principalement aux Pasteurs, le respect, l'amour et le service. Le diacre saint Laurent, rassemblant un jour tous les pauvres de Rome, et les présentant aux persécuteurs qui demandaient de l'or, appelait ces mendiants les richesses, les trésors de l'Église. Dans la suite, plusieurs ordres religieux se formèrent pour soigner les pauvres, les instruire et les secourir. De nos jours, des âmes dévouées, dignes des plus beaux temps du christianisme, se consacrent au service des malheureux. Elles veulent donner aux pau-

---

[1] Luc., iv, 18.

vres les dons de Dieu : la nature et la grâce, le pain du corps et le pain de l'âme, le monde et Jésus-Christ. La charité les presse : *Charitas Christi urget nos*[1]. Elle les pousse à la reconnaissance, et, leur faisant découvrir Dieu dans les pauvres, elle leur fait rendre aux pauvres les biens qui viennent de Dieu.

Or, messieurs, c'est à la suite de Jésus-Christ et des saints, c'est par l'inspiration de la grâce, c'est en sortant de la table eucharistique, où vous avez reçu le don ineffable de l'amour, que vous êtes appelés à imposer les mains sur le monde pour le guérir ! Accomplissez donc, dans toute la rigueur du symbolisme qu'il contient, ce rite de l'imposition des mains. Que vos mains soient élevées : qu'elles dominent les choses terrestres et périssables ! qu'elles soient ouvertes, pour donner en abondance ce que vous avez vous-mêmes reçu ! qu'elles soient fermes, et que rien ne prévale, ni le respect

[1] II *Cor.*, v, 14.

humain ni la défaillance du zèle, contre le courage avec lequel vous ferez le bien! Jésus-Christ, dans le très-saint Sacrement, tient ses mains élevées sur vous, pour vous attirer jusqu'à lui. Il les tient ouvertes pour vous enrichir de sa propre substance. Il les tient fermes et persévérantes, malgré votre indifférence et quelquefois votre opposition! Imitez ce grand et généreux exemple! Secourez le monde par vos œuvres; ayez pitié de vos frères! Allez, « imposez les mains sur les malades, et les malades seront guéris : » *super ægros manus imponent, et bene habebunt!*

SIXIÈME CONFÉRENCE

L'EUCHARISTIE, CHEF-D'ŒUVRE DE LA PROVIDENCE DE DIEU
DANS L'ORDRE SURNATUREL

Le jour même de la résurrection du Christ, deux disciples, l'esprit et le cœur remplis de ce que les saintes femmes leur avaient annoncé et de ce qu'avaient vu les principaux apôtres, s'en allaient à un bourg nommé Emmaüs, non loin de Jérusalem. « Ils s'entretenaient et raisonnaient ensemble, » nous dit saint Luc, et sans doute ils parlaient de leur divin Maître. Or, tandis qu'ils marchaient et conversaient, Jésus, sans se faire connaître, se joignit à eux tout à coup; et, leur ayant demandé le sujet de leur entretien, il se mit à leur développer les saintes Écritures, passant en revue Moïse et tous les Prophètes. Quand ils furent arrivés au bourg d'Emmaüs, comme Jésus feignait d'aller plus loin, les deux disciples, dont le cœur était tout ému des douces et saintes paroles qu'ils avaient entendues, le pressèrent de rester et lui dirent : « Demeurez avec nous, car le soir commence à venir et le jour est sur son déclin Jésus donc entra avec eux, et, comme il était à table avec eux, il prit du pain et rendit grâces; puis, l'ayant rompu, il le leur donna. En même temps les yeux des disciples s'ouvrirent, et ils reconnurent Jésus. Mais il disparut de devant eux. »

Or, messieurs, ces deux disciples attardés sur leur route sont le symbole de l'humanité. Tandis que les hommes marchent ici-bas vers le but de leur destinée, Dieu les accompagne : il les éclaire par sa parole, les fortifie par sa grâce et les console par son amour. Il y a six mille ans que Dieu chemine ainsi avec les hommes sur les routes difficiles du monde. Une fois seulement, dans cette longue succession de siècles, Dieu s'est fait voir aux hommes corporellement dans la personne de son Fils incarné pour notre salut. Jésus-Christ, reconnu comme Dieu par les siens d'abord, puis par le monde entier, est devenu l'objet de nos plus vifs désirs. Les Apôtres, les disciples, les saints de tous les temps, de tous les pays et de toutes les conditions, après l'avoir connu, aimé, adoré, l'ont en quelque sorte placé devant leurs yeux par une évocation de foi; ils l'ont pressé sur leur cœur, dans une étreinte généreuse, et, ne voulant pas le quitter, ils lui ont dit, comme les disciples d'Emmaüs : « Demeurez avec nous, car le soir commence à venir et le jour est sur son déclin : » *mane nobiscum, Domine, quoniam advesperascit et inclinata est jam dies.* Mais Jésus se dérobe à cette tendresse; il nous quitte. Ce n'est qu'au ciel que nous le verrons dans un jour sans déclin. Toutefois, avant de nous quitter, il nous laisse un gage de son amour : il rompt avec nous le pain eucharistique ; les vrais disciples le reconnaîtront toujours à la fraction de ce pain, et se consoleront de la tristesse de leur exil en rompant, sur la table du Seigneur, le pain qui donne la vie.

Comprenons ce mystère, messieurs, et soyons consolés. Or, pour venir en aide à votre piété, dans la méditation du mystère eucharistique, je vous propose deux questions :

Pourquoi Jésus-Christ, après s'être montré aux hommes sur la terre, les a-t-il quittés? et pourquoi, en les quittant, leur a-t-il laissé l'Eucharistie? La réponse à ces deux questions vous prouvera, je l'espère, que l'Eucharistie est, dans l'ordre surnaturel, le chef-d'œuvre de la providence de Dieu. *Ave, Maria.*

I

La providence de Dieu conduit toute chose à sa fin par des moyens convenables, et c'est en cela que Dieu fait paraître sa puissance, sa sagesse et sa bonté. Or la fin de l'homme, c'est de voir un jour Dieu face à face, de l'aimer cœur à cœur, de le posséder pleinement et de le louer éternellement. Par conséquent, dans l'ordre du salut, la providence de Dieu a dû choisir des moyens proportionnés à cette fin. Quels sont ces moyens? Nous les découvrirons aisément, messieurs, en étudiant un instant la condition de l'homme ici-bas relativement à sa fin dernière.

La condition de l'homme sur la terre est

une condition d'épreuve. Saint Paul compare les chrétiens à des hommes qui courent dans une lice pour remporter le prix, et il dit : « Courez de telle sorte que vous soyez vainqueurs : » *sic currite ut comprehendatis bravium*[1]. Le mérite est donc la condition de la récompense. Mais le mérite doit être proportionné à la récompense, et réciproquement. C'est pourquoi, la récompense consistant dans la vue de Dieu, la possession de Dieu et l'amour de Dieu, le mérite doit consister dans un ensemble de vertus analogues à cette triple félicité. Et, en effet, tout le christianisme est fondé sur la triple épreuve et le triple mérite de la foi, de l'espérance et de la charité : de la foi, qui soumet l'intelligence humaine à l'autorité d'une parole divine qu'elle ne voit pas en elle-même et qui lui est transmise ; de l'espérance, qui promet des biens à venir, invisibles, dont la certitude repose, d'une part,

---

[1] I *Cor.*, ix, 24.

sur la promesse infaillible de Dieu, et, de l'autre, sur notre fidélité à la grâce, fidélité qui peut, au contraire, faillir; enfin le christianisme repose sur la charité, qui nous fait aimer Dieu par-dessus toutes choses à cause de lui-même, et le prochain comme nous-même, à cause de Dieu. Or ce plan est admirablement conçu. Il est bien proportionné à la fin dernière de l'homme, et révèle dans toute leur grandeur et leur force la puissance, la sagesse et la bonté de Dieu. Car, d'une part, la foi est une lumière, obscure il est vrai, mais qui prépare cependant à la vue de Dieu dans le ciel; de l'autre, l'espérance est un bien, imparfait sans doute, mais qui nous fait néanmoins jeter, en quelque sorte, l'ancre de notre frêle esquif dans les profondeurs solides des biens éternels; enfin la charité est une consolation dans laquelle notre âme, si elle est privée de la vue du souverain bien, peut du moins le goûter par anticipation. La lumière de la foi nous guide vers le ciel ; l'ancre de l'espérance nous soutient au milieu des flots d'une mer orageuse, l'amour nous y console : quels moyens admirables pour arriver au terme de la pleine lumière, de la richesse infinie, de l'amour ineffable! Quelle puissance, quelle sagesse, quelle bonté de la part de Dieu d'avoir trouvé, établi et maintenu pour les hommes des moyens si bien proportionnés à leur fin! Aussi, depuis la création de l'homme, l'emploi de ces moyens a-t-il réussi à donner aux hommes le bonheur avec la vertu, et à Dieu la gloire avec le succès de son œuvre! C'est pourquoi l'apôtre saint Paul, résumant en quelques paroles le christianisme, nous dit : « Maintenant c'est le temps de la foi, de l'espérance et de la charité; ici-bas ces trois vertus demeurent, et la plus grande des trois, c'est la charité : » *nunc autem manent fides, spes, charitas, tria hæc; major autem harum est charitas*[1].

Quand Notre-Seigneur Jésus-Christ parut,

[1] 1 *Cor.*, xiii, 13.

que fit-il? Vint-il pour abolir la foi, l'espérance, la charité? Non : il eut pour œuvre de fortifier dans les âmes ces trois vertus, d'en augmenter la grâce et le mérite. « Celui qui croira, disait-il, sera sauvé, et celui qui ne croira pas sera condamné[1]. » Et ailleurs, nous montrant dans les œuvres des justes le gage de leur récompense future : « Réjouissez-vous, s'écriait-il, et tressaillez d'allégresse, parce que votre récompense est grande dans les cieux[2]! » Puis, renouvelant le précepte de la charité, il s'écriait : « Tu aimeras le Seigneur ton Dieu de tout ton cœur, de toute ton âme, de tout ton esprit, et le prochain comme toi-même[3]. » Après avoir donné au monde de tels enseignements, Jésus-Christ les scella de son sang; puis, ayant fait son œuvre, au lieu de rester comme un roi magnifique au milieu du triomphe qu'il s'était acquis sur la terre, il nous quitta pour monter au ciel. « Il vous est expédient que je m'en aille, » disait-il à

[1] Marc., xvi, 16. — [2] Matth., v, 12. — [3] *Ibid.*, v, 43.

ses apôtres: *expedit vobis ut ego vadam*[1]. Pourquoi? « parce que le consolateur ne viendra pas sans cela. » Quel consolateur? L'Esprit-Saint, l'esprit de foi, d'espérance et d'amour. Comme si Jésus-Christ disait : Si je ne vous quitte, la foi, l'espérance et la charité péricliteront en vous. D'où nous pouvons maintenant répondre à cette question : Pourquoi Notre-Seigneur Jésus-Christ, après s'être montré sur la terre, nous a-t-il quittés? que Jésus-Christ nous a quittés pour ne point nous ôter la triple épreuve et le triple mérite de la foi, de l'espérance et de la charité.

En effet, si Jésus-Christ fût resté sur la terre, ni la foi n'aurait plus eu ses saintes obscurités, ni l'espérance ses magnifiques perspectives, ni la charité ses sublimes attraits. Nous nous serions arrêtés à Jésus-Christ comme au terme extrême de notre vie. Il eût été l'écueil de notre vocation, au lieu d'en être le phare et le pilote. En lui nous

---

[1] Joan., XVI, 7.

n'aurions plus trouvé ni la vérité, ni la voie, ni la vie, quoiqu'il soit pour nous tout cela : *Ego sum via, veritas et vita*[1].

Et d'abord, la foi aurait perdu ses saintes obscurités. En effet, si Jésus-Christ fût resté sur la terre, sa permanence même, après sa résurrection, l'éclat de sa majesté, où rayonnent les splendeurs du Verbe, l'autorité magistrale de sa parole pleine de l'Esprit-Saint, ses œuvres merveilleuses où se manifeste la vertu du Très-Haut, tout cet ensemble de dons célestes et de grâces humaines, qui font de Jésus-Christ, non un simple mortel, mais un Dieu, aurait commandé l'assentiment de notre esprit et l'adhésion de notre croyance. Nous aurions cru, parce que nous aurions vu. Or il est écrit : « Bienheureux ceux qui n'ont pas vu et qui ont cru : » *beati qui non viderunt et crediderunt*[2]. Dès lors, que seraient devenus et les épreuves et les mérites de la foi? Avec Jésus-Christ vivant au milieu de nous, plus

[1] Joan., XIV, 6. — [2] *Ibid.*, XX, 29.

d'hésitation, plus de lutte contre l'orgueil de la raison humaine; plus d'abdication de notre esprit devant la parole de Dieu transmise et enseignée par l'Église; plus de schismes, plus d'hérésies, plus de ces divisions, funestes, il est vrai, en elles-mêmes, mais pourtant nécessaires à l'épreuve des saints, selon la parole expresse de l'Apôtre : *Oportet et hæreses esse*[1]. La foi, qui consiste essentiellement dans la croyance à ce que l'on ne voit pas, croyance fondée sur l'autorité infaillible de la parole de Dieu, la foi, par la présence toujours visible de Jésus-Christ sur la terre, eût été transformée en une contemplation oisive, sans mérite comme sans effort. Par là, Jésus-Christ, au lieu de nous donner ces eaux vives de la foi qui rejaillissent jusqu'à la vie éternelle, aurait tari en nous la source même de toute croyance proprement dite.

En second lieu, si Jésus-Christ fût resté

---

[1] *I Cor.*, xi, 19.

sur la terre, l'espérance aurait perdu ses magnifiques perspectives. L'espérance, en effet, a pour objet suprême les biens invisibles de l'avenir : les richesses du ciel, la vue de Dieu, sa gloire et son amour. Sur les ailes de l'espérance, la prière du chrétien monte vers le ciel, et ne redescend sur la terre que pour faire germer en nous la grâce, dont la gloire est le complet épanouissement. De là ces aspirations vers Dieu, ces tendances supérieures, ces efforts surnaturels pour monter plus haut que ce monde visible, plus haut que toute chair et que tout esprit créés : aspirations, tendances qui tourmentent notre âme jusqu'à ce qu'elle se repose en Dieu. « Vous nous avez faits pour vous, ô Seigneur, disait saint Augustin, et notre cœur ne sera tranquille que lorsqu'il se reposera en vous : » *fecisti nos ad te, Domine, et irrequietum est cor nostrum donec requiescat in te !* Cette parole du docteur de la grâce n'est que le commentaire de cette autre parole du prophète David : « Le passereau trouve une demeure et la tourterelle un nid pour s'abriter: pour moi, ma demeure, ô Seigneur des vertus, mon roi et mon Dieu! ma demeure est auprès de vos autels, auprès des autels de ce temple céleste où les saints vous loueront à jamais : » *altaria tua, Domine virtutum, Rex meus et Deus meus : beati qui habitant in Domo tua, Domine; in sæcula sæculorum laudabunt te*[1] *!*

Or, si Jésus-Christ fût resté sur la terre, l'espérance l'aurait pris pour but, pour terme dernier. Son humanité même, pleine de grâce, de douceur et d'onction; ses traits où resplendit l'éclat d'une beauté divine, sa chair, en un mot, serait devenue l'écueil de notre espérance. Avec Jésus-Christ qu'aurions-nous pu désirer encore? Mais « la chair, dit Notre-Seigneur, la chair ne sert de rien; c'est l'Esprit qui vivifie : » *Spiritus est qui vivificat, caro non prodest quidquam*[2]. La chair, dans

---

[1] *Ps.* LXXXIII, 5. — [2] Joan., VI, 63.

le Christ, ne doit pas être séparée du Verbe. S'arrêter à la chair sans aller jusqu'au Verbe, c'est mourir. Voir le Verbe et le posséder, c'est vivre. Mais le Verbe n'est visible qu'au ciel. Donc, en s'arrêtant à l'extérieur de la personne du Christ, les hommes, au lieu de trouver la vie, auraient trouvé la mort. Aussi ne veut-il pas que nous nous arrêtions à lui dans ce sens imparfait. Quand Marie-Magdeleine, dans le jardin de Gethsémani, eut reconnu le Sauveur dans la personne de celui qu'elle avait pris d'abord pour un jardinier, et que, se jetant à ses pieds, elle l'adora dans l'extase de la contemplation, lui disant avec amour : « O Maître! » *Rabbi*[1]*!* Jésus-Christ, pour lui faire comprendre que la joie de l'extase n'est pas ici-bas, mais au ciel, lui dit : « Ne me touche pas, car je ne suis pas encore monté vers mon Père : » *noli me tangere, nondum enim ascendi ad Patrem*

---

[1] Joan., xx, 16.

meum[1]. Comme s'il lui disait : Porte plus haut ton espérance; regarde le ciel : c'est là-haut, c'est auprès de mon Père que tu verras ma gloire. Maintenant travaille et gémis. « Va annoncer à mes frères que je suis ressuscité et que je remonte vers mon Père qui est aussi votre Père, vers mon Dieu qui est aussi votre Dieu[2]. » Je me déroberai bientôt à vos regards; mais, si vous m'aimez, vos désirs me suivront. « Où sera votre trésor, là sera votre cœur[3]; » l'absence de celui que vous aimerez vous fera désirer le ciel, et votre espérance sublime vous en ouvrira les portes.

Enfin, mes frères, si Jésus-Christ fût resté sur la terre, la charité n'aurait plus eu ses célestes attraits. La raison en est toujours la même. Jésus-Christ serait devenu le terme unique de notre amour. Or, encore une fois, c'est Dieu qu'il faut aimer en tant que Dieu. « Dieu est charité, dit saint Jean, et celui qui demeure

---

[1] Joan., xx, 17. — [2] *Ibid.*, 17. — [3] Matth., vi, 21.

dans la charité demeure en Dieu et Dieu demeure en lui[1]. » C'est-à-dire : celui qui aime Dieu, vit en Dieu par l'esprit et par le cœur; par conséquent, il ne vit plus sur la terre, il vit au ciel. Il ne s'arrête pas au Christ; il sait que le Christ, en tant que Christ, n'est que le médiateur entre les hommes et Dieu. Il sait que le Christ, comme le dit saint Paul, doit soumettre à Dieu toute l'Église triomphante, et se soumettre lui-même, comme chef des prédestinés, à celui qui en est le père, le maître et le monarque[2]. Celui qui aime vole donc plus haut que le Christ. Dans ses transports ardents, il s'écrie, comme David : « Qui me donnera les ailes de la colombe, et je volerai et je me reposerai[3]! » Oui, je volerai plus haut que tous les biens visibles, je volerai jusqu'à Dieu, je ne me reposerai qu'en lui, parce qu'en lui seul j'aurai trouvé mon bien; « car personne n'est bon que Dieu en

---

[1] I Joan., IV, 16. — [2] I *Cor.*, XV, 28. — [3] *Ps.* LVI, 7.

tant que Dieu : » *nemo bonus nisi solus Deus*[1], et toute créature bonne n'est telle qu'en tant qu'elle participe à la bonté de Dieu.

Voilà donc, messieurs, pourquoi Jésus-Christ nous a quittés, pourquoi il s'est refusé à cette invitation que les hommes lui ont faite sur le chemin de la vie : « Demeurez avec nous, Seigneur, parce que le soir commence à venir et que le jour est sur son déclin. » Il s'en va pour ne pas détruire le mérite de notre foi, de notre espérance et de notre charité. Mais, en nous quittant, il rompt le pain avec nous, il nous donne l'Eucharistie, et, dans cet aliment de grâce, il nous fait trouver, avec les consolations de sa présence, le mérite que nous procure la douleur de sa disparition. C'est le sujet d'un second point.

---

[1] Luc., xviii, 19.

II

S'il était expédient, messieurs, que Jésus-Christ nous quittât, à cause des raisons que nous avons données, il ne l'était pas qu'il nous délaissât tout à fait. L'humanité, après l'avoir vu sur la terre, s'était trop attachée à lui pour pouvoir en être complétement séparée. De son côté, le Sauveur aimait trop les hommes pour se détacher entièrement du monde. « Mes délices, dit-il dans l'Écriture, sont d'habiter avec les enfants des hommes : » *deliciæ meæ esse cum filiis hominum*[1]. Aussi, arrivé à l'heure marquée pour sa mort, « comme il avait toujours aimé les siens qui étaient dans le monde, dit l'apôtre saint Jean,

[1] Prov., VIII, 31.

il les aima jusqu'à la fin : » *in finem dilexit eos*[1]. Il les aima jusqu'au dernier moment, et il les aima d'un amour infini. Car, dans cet amour, il conçut et il exécuta le projet de mourir et de les quitter visiblement, sans être néanmoins obligé de les priver jamais de sa présence invisible, de sa lumière, de sa force et de sa charité. Donc, la veille de sa mort, il prit du pain dans ses mains saintes et vénérables; il le bénit, le rompit et le distribua à ses disciples, disant : « Prenez et mangez : ceci est mon corps[2]. » Prenant ensuite le calice, il bénit le vin, le distribua à ses disciples et leur dit : « Prenez et buvez : ceci est mon sang[3]. » Puis il ajouta : « Faites ceci en mémoire de moi[4]. » O merveille de puissance, de sagesse et d'amour! Le pain et le vin, aliments de notre vie corporelle, deviendront désormais dans l'Église l'aliment de nos âmes. Ce pain et ce vin, qui sont le sacrement

---

[1] Joan., xiii, 1. — [2] Matth., xxvi, 26. — [3] *Ibid.*, 27. — [4] Luc., lxii, 19.

naturel de l'amitié des hommes sur une table hospitalière, deviendront sur l'autel le sacrement divin de l'amitié d'un Dieu! Par là, le plan de la Providence demeure : la foi, l'espérance et la charité subsistent, mais Jésus-Christ y mêle sa présence, et son amour triomphe!

En effet, l'Eucharistie éprouve notre foi, mais elle la confirme; l'Eucharistie anime notre espérance, mais elle en est le gage; l'Eucharistie élève notre amour, mais elle le nourrit.

Premièrement, l'Eucharistie éprouve notre foi, mais elle la confirme. En effet, l'Eucharistie, comme le dit l'Église, est un mystère de foi : *Mysterium fidei*. C'est le mystère de la plus forte foi, et c'est en même temps le plus fort mystère de la foi. C'est le mystère le plus incompréhensible, et c'est aussi le mystère le plus solidement prouvé. Croire à l'Eucharistie, c'est croire, malgré les sens, sur le seul témoignage d'une parole divine, transmise par l'Église, que Jésus-Christ est tout entier présent sous les espèces du pain et du vin ; que le pain et le vin sont transsubstantiés sur l'autel ; que les accidents ou les apparences demeurent sans la substance qui leur est propre, et que, sous ces apparences, quelque petites qu'elles soient, nous recevons le corps et le sang du Christ, et, avec son corps et son sang, son âme et sa divinité; que, partout où l'Eucharistie est consacrée, Jésus-Christ se trouve présent, sans quitter pour cela le ciel, où il est assis à la droite de son Père. Quelle épreuve pour la foi! quel mystère! comme il s'éloigne de notre manière de connaître et d'expérimenter! Pourtant il faut croire sous peine de renoncer au christianisme! Mais, à côté de l'épreuve de la foi, en voici la confirmation. Jésus-Christ se cache à nos sens, il est vrai, et c'est par là qu'il nous éprouve; mais il se manifeste à notre âme, à notre esprit et à notre cœur, et c'est par là qu'il nous fortifie et nous console. Oui, le chrétien est certain de la présence réelle de Jésus-Christ dans l'Eucharistie. Il la sait et il la sent. Il en a la certitude par la parole expresse du divin Maître dans l'Évangile, par la tradition constante de toutes les Églises, par l'accord de toutes les liturgies, par les preuves contenues dans les rites, les cérémonies, les symboles; dans les raisons données par les théologiens et mises à la portée de tous par les prédicateurs; par les monuments de nos temples : les autels, les tabernacles, les vases sacrés; par tout l'ensemble du catholicisme qui converge vers l'Eucharistie comme vers un centre, et qui, sans l'Eucharistie, ne se comprend ni ne se soutient. Le chrétien sent la présence réelle de Jésus-Christ dans l'Eucharistie par l'émotion toute céleste qui accompagne l'action de la communion. O Jésus! quand vous descendez dans une poitrine pleine de votre amour, quel tressaillement d'allégresse n'y produisez-vous pas! L'homme alors se sent transformé; il n'est plus de la terre, il est du ciel. Ce n'est plus lui qui vit, c'est Jésus-Christ qui vit en lui. Ému jusqu'aux larmes des touches de votre grâce, le chrétien peut dire, comme les disciples d'Emmaüs: «Notre cœur n'était-il pas tout brûlant au dedans de nous, quand il nous parlait sur la route? » n'avais-je pas le sentiment de Dieu? n'étais-je pas pénétré de cette conviction intime que le Verbe fait chair s'était uni à moi par l'union la plus forte et la plus suave? Je vous possède en moi, quand je communie, ô Jésus, ô maître, ô ami! Vous ne nous avez donc pas quittés tout à fait! Vous nous êtes donc resté, caché, il est vrai, pour l'épreuve de notre foi; mais visible à notre âme dans l'éclat de votre lumière et dans la grâce de votre onction! La foi nous est précieuse : « nous vous avons reconnu à la fraction du pain! »

Secondement, l'Eucharistie anime notre espérance, mais elle en est le gage. Avec l'Eucharistie, en effet, le désir du ciel augmente dans les âmes. Ce goût de Dieu que nous y trouvons nous rend amères toutes les douceurs de la terre. Ce que nous aimons sur la terre, nous ne voulons plus l'aimer que selon Dieu, et dès lors nous soupirons après le jour où la patrie du repos éternel nous ouvrira ses portes, et nous permettra de trouver en Dieu toutes choses : *Deus omnia in omnibus*[1]. De là cette langueur des âmes saintes, cette nostalgie céleste qui les consume et les pousse vers la tombe avant l'heure; l'espoir les tue, elles veulent voir ce qu'elles souhaitent. Voilà l'épreuve : elle est héroïque. Mais voici la consolation : l'Eucharistie nous assure le ciel. « Elle est le gage de la gloire future, » nous dit l'Église : *Pignus futuræ gloriæ*. « Celui qui mange ce pain, nous dit Notre-Seigneur, vivra éternellement : » *qui manducat hunc panem vivet in æternum*[2]. L'Eucharistie est notre viatique sur la terre et notre viatique à l'heure de la mort. Les difficultés de la route peuvent être grandes : Jésus marche avec nous ! Les terreurs de la mort peuvent être épouvantables : Jésus veille sur nous, il vit

[1] 1 Cor., xv, 28. — [2] Joan., vi, 59.

dans notre cœur! Comme autrefois le prophète Élie, fortifié par un pain miraculeux, marcha pendant quarante jours et quarante nuits et parvint à la montagne de Dieu, la montagne d'Horeb, ainsi le chrétien, fortifié par l'Eucharistie, arrivera au ciel, après les jours mauvais de son pèlerinage. Et quand il descendra dans la tombe, ses cendres, sanctifiées par le corps du Christ reçu en viatique à l'heure suprême, emporteront le gage de la résurrection future. L'Eucharistie fera germer un jour ces os touchés par le doigt destructeur de la mort; les élus, sortis de leur poudre, apparaîtront en gloire devant Dieu; car il est écrit : « Celui qui mange ma chair et qui boit mon sang a la vie éternelle, et je le ressusciterai au dernier jour : » *qui manducat meam carnem et bibit meum sanguinem habet vitam æternam, et ego resuscitabo eum in novissimo die* [1].

---

[1] Joan., VI, 55.

Enfin, l'Eucharistie exalte notre amour, mais elle le nourrit. La chair de Jésus-Christ ne nous apparaissant que sous les voiles du sacrement, l'amour que nous donnons au Verbe incarné n'a rien de terrestre, il est tout spirituel. Il unit l'âme à Dieu, il fait goûter à l'âme les douceurs de l'essence divine. Par là, il arrive que cet amour va toujours croissant; et telle est l'épreuve de l'amour dans l'Eucharistie. Mais en voici le soutien : l'Eucharistie est toujours à la portée du fidèle, la table sainte lui est toujours accessible. Le pain mystique est toujours servi sur cette table; les fidèles peuvent donc exciter et apaiser sans cesse la faim et la soif de Dieu qui les tourmentent. Bien plus, ils trouvent dans l'Eucharistie la loi même de l'amour. Tout amour est un don gratuit : dans l'Eucharistie, Jésus-Christ se donne à nous gratuitement. Tout amour est diffusif de soi : Jésus-Christ se donne tout entier à tous, et reste propre à chacun de ceux qui le reçoivent. L'amour est unitif : Jésus-Christ s'unit intimement à l'homme, et unit, par la communion, les hommes entre eux. Le pain qui sert de matière à l'Eucharistie, formé de plusieurs grains de froment réduits en une seule masse, est le symbole de tous les fidèles, réunis par la grâce en un seul corps, qui est le corps du Christ; de sorte que l'Église est appelée par saint Paul, à cause de la participation des fidèles au sacrement de l'autel, « un seul pain, un seul corps : » *unus panis, unum corpus multi sumus, omnes qui de uno pane participamus*[1]. Ce qui faisait dire au martyr saint Ignace ces belles paroles, au moment où les persécuteurs allaient le jeter en pâture aux lions : « Je suis le froment du Christ ; il faut que je sois moulu par la dent des bêtes, afin de devenir un pain purifié : » *frumentum Christi sum, dentibus bestiarum molar, ut panis mundus inveniar.* Quel amour! quelle source de charité! quel

[1] I *Cor.*, x, 17.

enivrement divin pour les fidèles à la table du Seigneur! comme on y respire le ciel! Oh! que Jésus-Christ a bien fait toutes choses : *Bene omnia fecit!* Il a su concilier l'action de sa présence parmi nous avec le plan de Dieu, institué pour notre épreuve. Il a mêlé sa lumière aux obscurités de la foi, ses promesses aux incertitudes de l'espérance, ses tendresses aux difficultés de l'amour. Toujours invisible, mais toujours présent, il nous éprouve et nous console. Quand les voiles du sacrement nous arrêtent et nous font hésiter, la lumière du Sauveur nous guide et son action nous soutient; quand les désirs de l'espérance nous montrent le ciel, les mérites du Rédempteur nous en ouvrent les portes; quand les étreintes de l'amour veulent saisir Dieu lui-même, le Verbe incarné, sous les espèces saintes, se jette dans nos bras et nous enivre de la plus pure et de la plus grande charité! C'est ainsi, messieurs, que l'Eucharistie est, dans l'ordre surnaturel, le chef-d'œuvre de la Providence. Par l'Eucharistie, Dieu conduit l'homme à sa fin par des moyens convenables : par la foi, l'espérance et la charité; par l'Eucharistie, Dieu tempère la rigueur de notre épreuve en y mêlant les suavités de la présence de Jésus-Christ son Fils!

O vous donc qui voyagez péniblement sur les routes ardues de ce monde, pauvres âmes que rien n'éclaire, que rien ne soutient, que rien ne console, appelez à vous Jésus-Christ; il viendra! Vous ne le reconnaîtrez pas tout d'abord; mais, après vous avoir expliqué Moïse et les Prophètes, après vous avoir initiés au christianisme, par la doctrine et la morale qu'il enseigne, il se manifestera à vous. Aimant, sans le savoir peut-être, cet étranger à la parole lumineuse et suave, vous le presserez d'entrer dans votre demeure. Alors il daignera s'asseoir à la table de l'amitié, et, quand il rompra pour vous le pain et qu'il vous le donnera, vous reconnaîtrez Jésus-

Christ! Mais vous ne le garderez avec vous que sous les apparences du sacrement. C'est dans l'Eucharistie, en effet, qu'il demeure et qu'il se communique aux âmes.

Venez donc à l'Eucharistie, ô vous qui soupirez après une croyance lumineuse, une espérance ferme et un amour ardent! Venez ; si vous mangez ce pain, vous entrerez dans cette vie du ciel où l'on ne peut plus dire « que le soir commence à paraître et que les ombres de la nuit dérobent aux yeux la lumière! »

SEPTIÈME CONFÉRENCE

LA LOI DE L'ANATHÈME ET LES SOLDATS DE GÉDÉON

Si la charité, messieurs et mes frères, nous oblige à prier pour les mondains, à vouloir de tout notre cœur et à procurer par tous les moyens de zèle qui sont à notre disposition leur conversion et leur salut, l'esprit de détachement ne nous permet pas d'aimer le monde lui-même, ni rien de ce qui est dans le monde. Vous avez entendu déjà, pendant cette retraite, l'Apôtre vous dire en termes exprès : « N'aimez pas le monde, ni ce qui est dans le monde : » *nolite diligere mundum, neque ea quæ in mundo sunt* [1]!

[1] I Joan., II, 15.

D'autre part, messieurs, nous devons combattre contre le monde et le détruire, autant qu'il est en nous, dans ce qu'il a de corrompu et d'opposé à Dieu. Nous sommes les soldats de Dieu, armés en guerre pour remporter sur le monde la grande victoire de la foi : *Et hæc est victoria quæ vincit mundum, fides nostra* [1].

Mais il arrive trop souvent, hélas! qu'un grand nombre de chrétiens se font illusion, et, tout en combattant le monde, ne veulent pas renoncer entièrement au monde. Il arrive encore que les soldats de Dieu, marchant contre le monde, se confient en eux-mêmes, dans leur force personnelle, dans leur habileté, et que, jugés indignes de prendre part à la guerre sainte, ils sont retranchés du rang des vrais soldats.

Voici donc, messieurs, la condition que Dieu nous impose en nous envoyant contre le

[1] I Joan., v, 4.

monde : 1° de ne rien nous réserver dans le monde, mais de soumettre à l'anathème tout ce qui est du monde; 2° de combattre avec foi et de n'attendre que du ciel le succès et la victoire. C'est là, messieurs, ce qui nous est marqué dans la sainte Écriture, par deux exemples mémorables que je vais vous proposer, après que nous aurons imploré l'assistance du Saint-Esprit par l'entremise de Marie. *Ave, Maria.*

I

Le premier de ces deux faits est rapporté au chapitre septième du livre de Josué. Nous voyons dans ce chapitre que Josué, après la prise et la destruction de Jéricho, voulant se rendre maître de Haï, envoya contre cette ville trois mille hommes seulement, parce qu'il la jugeait avec raison peu importante et facile à réduire, surtout après la ruine de Jéricho. Mais il arriva que les trois mille soldats de Josué prirent la fuite ; trente-six d'entre eux tombèrent, frappés par les guerriers de la ville de Haï : la déroute d'Israël fut complète. A la nouvelle de ce désastre, « le cœur du peuple, dit l'Écriture, fut ému et amolli comme l'eau [1]. » Josué, en signe de deuil, déchira ses vêtements, se prosterna devant le Seigneur et le pria, disant : « Hélas! Seigneur, mon Dieu, pourquoi avez-vous fait passer le fleuve du Jourdain à ce peuple, pour nous livrer aux mains de l'Amorrhéen, et pour nous perdre!.... Que dirai-je, voyant Israël fuir devant ses ennemis? les Chananéens l'apprendront, et tous les habitants de la terre, et ils s'assembleront, et ils nous

---

[1] Jos., VII, 5.

environneront, et notre nom sera effacé de la terre. Et que ferez-vous pour votre grand nom[1] ! » Mais le Seigneur releva le courage de Josué et lui fit connaître la cause de la défaite des Israélites. Un homme dans Israël avait péché, en ne respectant pas la loi de l'anathème porté contre Jéricho. D'après l'ordre de Dieu lui-même, cette ville devait être entièrement détruite, et rien n'en devait être épargné. Or un homme nommé Achan, fils de Charmi, de la tribu de Juda, avait, contrairement au précepte de Dieu, sauvé de la destruction quelques objets, et se les était appropriés. Ce péché d'un seul avait attiré sur tout le peuple la colère du ciel, et sur les trois mille guerriers envoyés contre Haï, l'opprobre et le châtiment de leur défaite. Bientôt le coupable fut découvert. Il avoua son crime, et condamné par un juste jugement, il fut mis à mort. « Et tout Israël le

---

[1] Jos., vii, 7 et seq.

lapida, dit l'Écriture, et tout ce qui avait été à lui fut consumé par le feu [1]. »

Or, messieurs, qu'avait donc dérobé Achan parmi les richesses de Jéricho? Peu de chose en apparence : un manteau d'écarlate, deux cents sicles d'argent, et une règle d'or du poids de cinquante sicles. Le péché consistait bien moins pour Achan à s'être approprié ces dépouilles qui eussent été perdues, qu'à n'avoir pas respecté la loi de l'anathème. Il avait voulu conserver ce que Dieu commandait de détruire. Et c'est ici, messieurs, que nous trouvons une admirable leçon du complet détachement qu'il nous est prescrit de pratiquer à l'égard du monde et de tous ses biens, le monde étant, comme Jéricho, soumis à l'anathème.

En effet, ne comprenez-vous pas que les biens réservés par Achan représentent symboliquement tous les biens dont le monde se

---

[1] Jos., VII, 25.

sert pour nous séduire, nous attacher et nous perdre? Un manteau d'écarlate; et n'est-ce pas l'image de la gloire mondaine? deux cents sicles d'argent; et qu'est-ce autre chose que la fortune, après laquelle le monde se précipite? une règle d'or; ne faut-il pas, dans cette règle, reconnaître les mœurs du siècle, qui sont la règle unique des mondains? Celui-là donc qui, dans l'anathème prononcé contre le monde, se réserve, comme Achan, le manteau d'écarlate, les deux cents sicles d'argent et la règle d'or, celui-là se réserve, en effet, tout en marchant contre le monde, pour l'exterminer, ce que le monde a de plus dangereux, de plus opposé à Dieu, et précisément ce que Dieu ordonne de détruire.

Or, messieurs, ce n'est plus un seul homme qui se réserve une part dans les biens soumis à l'anathème, hélas! c'est toute une multitude, c'est la généralité même des chrétiens! Ceux qui se croient les plus séparés du monde, les plus hardis contre le monde, sont-ils toujours exempts de la prévarication du fils de Charmi? ne sont-ils pas séduits par le manteau d'écarlate, ou par les deux cents sicles d'argent, ou par la règle d'or? On se fait facilement illusion. On se persuade qu'après tout Dieu n'est point si sévère que le font les prédicateurs ; que, sans doute, il condamne le faste exagéré du monde, l'étalage orgueilleux du pouvoir, l'amour effréné de la richesse, les maximes corrompues et subversives, mais qu'il ne défend pas une certaine recherche de soi-même, une noble ambition de gloire, un amour modéré des biens de la fortune, une politesse de mœurs qui se prête, selon les circonstances, aux usages reçus ; qu'après tout, la vie serait bien triste si elle se passait dans les pratiques de l'humilité chrétienne, dans le soin des bonnes œuvres et dans la fuite des plaisirs ; qu'il ne faut pas confondre la vertu obligatoire pour tous avec la perfection, qui ne peut être le partage que d'un petit nombre ; que, sans blâmer les saints qui ont choisi pour leur partage une vie de renoncement, on ne se sent pas le courage de les suivre, et que, pourvu qu'on ne tombe pas en enfer, on ne s'inquiète guère du degré de gloire qu'on aura dans le ciel. Voilà, messieurs, ce que les chrétiens aiment à se persuader, et voilà ce qui les conduit à leur perte éternelle. Et d'abord, si la perfection acquise n'est pas de précepte pour la généralité des hommes, la perfection désirée, recherchée, est obligatoire pour tous. Chacun doit tendre à la perfection de son état. Donc, chacun doit fuir le monde, qui forme un invincible obstacle à la perfection. D'ailleurs, est-il bien sûr que l'Évangile ne condamne que les excès du monde et qu'il en tolère le faste, l'ambition et les mœurs dans un degré plus modéré? Notre-Seigneur ne dit-il pas, au contraire, que le renoncement absolu est l'indispensable condition du christianisme? « Si quelqu'un veut être mon disciple, dit-il, qu'il se renonce lui-même, qu'il prenne sa croix, et qu'il me suive : » *si quis vult venire post me, abneget semetipsum, et tollat crucem suam, et sequatur me* [1]. Ailleurs, il déclare que « le royaume du ciel souffre violence, et qu'il n'y a que les hommes déterminés à se faire violence qui puissent le conquérir : » *regnum cœlorum vim patitur, et violenti rapiunt illud* [2]. N'est-ce pas le divin maître qui, après nous avoir appliqués à son service, dans le christianisme, nous déclare qu'il nous regarde comme impropres au royaume des cieux si nous retournons aux coutumes de la vie mondaine ? « Personne, dit-il, mettant la main à la charrue, et regardant ensuite en arrière, n'est apte au royaume de Dieu : » *nemo mittens manum ad aratrum, et respiciens post tergum, aptus est regno Dei* [3]. Et que disent, après le Maître, les disciples formés à son école ou instruits par son divin Esprit ? Ils parlent comme l'É-

---

[1] Matth., xvi, 24. — [2] *Ibid.*, xi, 12. — [3] Luc., ix, 62.

vangile. « Sortez du milieu du monde, c'est-à-dire, sortez de ses voies, abandonnez ses mœurs, rompez avec ses maximes, s'écrie saint Paul, ne touchez à rien de ce qui est impur, et alors, dit le Seigneur, je serai votre père, et vous serez mes fils et mes filles : » *exite de medio eorum, et separamini, et immundum ne tetigeritis : et ego recipiam vos; et ero vobis in patrem, et vos eritis mihi in filios et filias, dicit Dominus omnipotens*[1]. » « Mes petits enfants, reprend saint Jean, n'aimez pas le monde, ni rien de ce qui est dans le monde : *filioli... nolite diligere mundum, neque ea quæ in mundo sunt*[2]. » Et tels sont les enseignements auxquels les saints ont conformé leur vie, et qu'ils nous recommandent par leurs exemples et par la gloire qu'ils ont méritée. Seriez-vous donc plus sages que les saints ? Oseriez-vous espérer d'arriver au ciel par un chemin différent de celui qu'ils ont pris ?

---

[1] II *Cor.*, vi, 17. — [2] I Joan, ii, 15.

Pourriez-vous croire que vous seriez plus habiles et plus forts qu'ils n'ont été, et que vous réussiriez à servir tout ensemble Jésus Christ et le monde, tandis que les saints, conformément à la parole du Sauveur, ont jugé ce double service, non-seulement sacrilége, mais impossible? « Personne ne peut servir deux maîtres : » *nemo potest duobus dominis servire* [1].

Ainsi, ne vous réservez rien dans le monde. Ne gardez pas pour vous le manteau d'écarlate; la livrée du chrétien, c'est la livrée de la Croix. Ne touchez pas aux deux cents sicles d'argent; la richesse est un piége où tombent les imprudents, quand elle n'est pas un fardeau providentiellement donné, sous lequel succombent souvent les plus forts. Ne faites aucune estime de la règle d'or; elle ne sert qu'à fausser les âmes. Votre règle est moins brillante, elle est simplement de bois : c'est la croix

---

[1] Matth., vi, 24.

du Rédempteur; mais elle est sûre et rend les âmes semblables au Fils de Dieu. Vous n'êtes pas appelés à vous enrichir des biens de Jéricho, mais à détruire de fond en comble cette impure cité. En combattant le monde, ce n'est point votre œuvre personnelle que vous accomplissez, mais l'œuvre de Dieu. Or l'œuvre de Dieu, c'est que Jéricho, c'est-à-dire le monde, périsse avec tous ses biens. « Que cette ville, dit Josué de la part de Dieu, soit anathème au Seigneur, et tout ce qui est en elle : » *sitque civitas hæc anathema : et omnia quæ in ea sunt, Domino*[1]. » Malheur, messieurs et mes frères, aux violateurs de l'anathème ! le sort d'Achan leur est réservé. Ils seront la proie, non du feu qui dévore le corps et qui nous enlève cette vie d'un jour, mais du feu éternel qui brûle ses victimes sans les consumer. Avant de subir leur supplice, ils attireront sur leurs frères de cruelles

[1] Jos., vi, 17.

épreuves, de fatales défaites; car c'est un juste jugement de Dieu que le péché d'un seul, et à plus forte raison le péché de plusieurs, attire sur la multitude du peuple des calamités générales.

Renoncez donc au monde, ô vous qui devez combattre le monde et le soumettre à Dieu! Le renoncement est la première vertu dont vous ayez besoin; mais il vous faut, dans ce noble combat, le courage, la pureté, la foi, l'espérance et la charité; c'est ce que nous allons montrer dans une seconde réflexion.

II

Je trouve, messieurs, un frappant exemple de ces vertus dans les soldats de Gédéon, tels qu'ils nous sont représentés au septième chapitre du livre des *Juges*.

Gédéon, pour obéir aux ordres de Dieu, assembla une grande quantité de peuple, et établit son camp en face de celui des Madianites. Mais Dieu, voyant ce grand nombre d'Israélites et connaissant leurs mauvaises dispositions, c'est-à-dire leur orgueil, qui les porteraient à s'attribuer le succès de leurs armes, au lieu de leur en faire rapporter la gloire au secours du ciel, ordonna à Gédéon de diminuer le nombre des combattants. Gédéon fit donc publier que tous ceux qui seraient timides et que l'approche des ennemis ou l'appareil du combat pourrait effrayer, se retirassent du camp et s'en retournassent chez eux. Vingt-deux mille hommes profitèrent de cette permission, et il ne resta plus que dix mille guerriers. Mais ce nombre était encore trop grand pour les desseins de Dieu. Gédéon réduisit une seconde fois son armée, et n'y laissa plus qu'une poignée de braves. Dieu lui-même fit savoir à quel signe on reconnaîtrait les hommes de son choix. « Mène-les près de l'eau, dit le Seigneur à Gédéon, et je les éprouverai là. Celui que je désignerai pour aller avec toi ira, et celui que je désignerai pour ne pas aller avec toi s'en retournera.... Ceux qui auront pris de l'eau avec la langue, comme font les chiens, mets-les d'un côté; et ceux qui auront mis les genoux en terre pour boire, mets-les de l'autre. Or, le nombre de ceux qui, prenant de l'eau avec la main, la portèrent à leur bouche, fut de trois cents;

tout le reste du peuple avait mis les genoux en terre, pour boire. Et le Seigneur dit à Gédéon : C'est par ces trois cents hommes qui ont bu en portant l'eau à leur bouche avec la main, que je vous délivrerai, et que je ferai tomber Madian entre vos mains[1]. »

Arrêtons-nous un instant à considérer la leçon contenue pour nous dans cet exemple. Nous y voyons, messieurs, premièrement, que les vrais soldats de Dieu sont en petit nombre; que la généralité des chrétiens est timide, et préfère le calme et la tranquillité d'une vie ordinaire aux agitations et aux périls de la guerre contre le monde, bien que cette guerre soit sainte et que Dieu la prescrive. Nous y voyons, secondement, que ceux-là sont impropres à combattre les combats du Seigneur, qui s'attachent aux choses terrestres, qui les désirent avec avidité, les possèdent avec passion, se pros-

---

[1] *Judic.*, vii, 4 et seq.

ternent et s'agenouillent devant elles, plutôt pour les servir que pour en être servis. Les soldats de Dieu méprisent, au contraire, tous ces biens du monde qui s'écoulent comme l'eau d'un fleuve. Ils y touchent à peine de la main, et en passant; ils n'en prennent que ce dont ils ne peuvent ne point user pour subsister; ils ne s'avilissent pas en se prosternant; ils restent debout; ils contemplent le ciel, tout en se servant des biens terrestres; ils sont dans le monde, il est vrai, mais, selon ce que dit saint Paul, « ils usent du monde comme n'en usant pas : » *utuntur hoc mundo, tanquam non utantur* [1].

Avons-nous, messieurs, ces deux premières marques des soldats de Dieu? Sommes-nous courageux? Sommes-nous détachés de la terre? Prenons-nous à peine dans le creux de la main, sur les bords glissants et perfides du fleuve de la vie, un peu d'eau pour étancher

---

[1] I *Cor.*, vii, 31.

notre soif, sans cesser de continuer notre marche et de tenir la tête élevée vers le ciel ! S'il en est ainsi, nous vaincrons Madian. Mais, si nous sommes lâches, si nous nous attachons aux biens périssables, s'ils nous possèdent, s'ils nous dominent, ou nous serons vaincus, ou, n'étant pas jugés dignes de prendre part au combat, nous n'aurons aucune part non plus dans la victoire et dans la récompense.

Nous connaissons les soldats de Dieu ; voyons maintenant, messieurs, quelles sont leurs armes de guerre.

Ces trois cents braves que Gédéon devait mener au combat ne se servirent contre les Madianites d'aucune espèce d'arme qui fût propre, selon les jugements humains, à procurer le succès aux Israélites. En effet, chacun d'eux ne fut armé que d'une trompette et d'un vase de terre dans lequel était une lampe allumée. Au signal donné par Gédéon, les trois cents soldats sonnèrent de la trompette autour du camp des Madianites, en trois endroits différents, et rompirent leurs vases de terre, en les heurtant les uns contre les autres. Ils tinrent alors leurs lampes de la main gauche, et de leur main droite leurs trompettes, dont ils sonnaient, et ils crièrent tous ensemble : « L'épée du Seigneur et de Gédéon! » *gladius Domini et Gedeonis!* La confusion et l'épouvante se mirent aussitôt dans le camp des ennemis, « et le Seigneur, dit l'Écriture, tourna les épées des Madianites contre eux-mêmes, et ils se tuaient les uns les autres. »

Or, messieurs, ainsi que le remarque saint Grégoire, plus cette manière de combattre est extraordinaire, plus il est visible qu'elle nous indique quelque mystère caché. Car, qui jamais a été sans armes à la guerre, et qui n'a opposé que des vases de terre et le son des trompettes à la violence des ennemis? On aurait même sujet de croire, dit le saint docteur, qu'une pareille entreprise aurait été ridicule, si on n'eût vu par la suite qu'elle jeta l'épouvante dans le cœur des Madianites. Mais Dieu voulut nous apprendre dès lors que les soldats de la loi nouvelle seraient armés spirituellement; qu'ils sonneraient de la trompette, quand ils prêcheraient l'Évangile; qu'ils rompraient leurs vases de terre, quand ils livreraient, par le martyre, leurs corps à la mort; et qu'ils feraient ainsi paraître, dans leur charité toute resplendissante, leurs lampes cachées aux yeux du monde, sous le voile d'une vie terrestre et périssable! Le son de la trompette évangélique a jeté l'épouvante dans les rangs des nations païennes. La charité des martyrs a rendu le christianisme évident à ses plus aveugles ennemis. Jésus-Christ le premier, comme Gédéon qui en est la figure, a sonné de la trompette, c'est-à-dire a prêché l'Évangile; le premier aussi, il a brisé, par sa mort volontaire, le vase de son corps, et c'est alors qu'il a brillé de la glorieuse lumière de sa résurrection et qu'il a illuminé le monde entier.

Mais les soldats qui le suivent sont en petit nombre, car les cœurs nobles, les âmes généreuses sont rares au milieu de l'immense multitude des chrétiens tièdes et pusillanimes.

Pour moi, messieurs, ne dois-je pas avoir la confiance de dire que vous êtes, parmi nous, cette troupe d'élite que Dieu confie à Gédéon? S'il en est ainsi, Israël triomphera de Madian : les soldats de la foi renverseront les soldats du doute et de l'incrédulité.

Courage donc, messieurs, ne craignez point le monde! Jésus-Christ vous appelle, vous enrôle sous ses drapeaux, et marche à votre tête. Faites retentir bien haut le cri de la vérité, livrez vos corps aux coups impitoyables de la mortification, du martyre sanglant, s'il le faut, et que la lampe de votre charité fasse succéder aux ténèbres dont le monde est couvert, la vivifiante lumière de Jésus-Christ!

Semblables aux soldats de Gédéon par le courage, par le détachement, par la foi, l'espérance et la charité, gardez-vous, d'autre part, d'imiter Achan et de vous réserver quoique ce soit des biens soumis à l'anathème! Renoncez à toutes choses pour gagner le ciel. Combattez le bon combat, afin de pouvoir dire avec saint Paul que le Seigneur vous réserve la couronne immortelle de la justice : *Bonum certamen certavi.... reposita est mihi corona justitiæ* [1] !

[1] II *Tim.*, IV, 8.

HUITIÈME CONFÉRENCE

DE L'ACTION DES ADORATEURS DU TRÈS-SAINT SACREMENT SUR DIEU LUI-MÊME, EN FAVEUR DU MONDE

L'Écriture sainte, messieurs, au chapitre trente-deuxième de la *Genèse*, met sous nos yeux un fait étrange, mystérieux, qui contient évidemment un grand et pieux symbole, et dont l'application qu'on peut en faire à votre œuvre de l'adoration nocturne du très-saint Sacrement, m'a paru naturelle et toute pleine d'intérêt. Cette application ou plutôt cette appropriation du fait biblique dont je parle, je vais essayer de vous la proposer; et j'espère que vous comprendrez par là toute l'importance de ce ministère d'adorateurs de l'Eucharistie, que vous remplissez dans ces heures de la nuit où tout repose et se tait, mais où Dieu, ne cessant pas de nous aimer et de nous bénir, demande une autre louange que celle qu'il reçoit du concert des astres. Aussi bien, les âmes des fidèles sont appelées du nom même de ciel par saint Grégoire, et, s'il en est ainsi, les âmes et les astres doivent louer et bénir Dieu pendant la nuit : *Cœli enarrant gloriam Dei, et opera manuum ejus annuntiat firmamentum* [1].

Exposons d'abord le fait raconté par la *Genèse;* nous dirons ensuite comment il vous convient, et quelles leçons pratiques il en faut tirer. *Ave, Maria.*

[1] *Ps.* xviii, 1.

I

Tandis que Jacob fuyait devant la face de son frère Ésaü, « s'étant levé de grand matin, dit l'Écriture, il prit ses deux femmes et leurs deux servantes, et ses onze fils, et franchit le gué de Jaboc. Et ayant fait passer tout ce qu'il possédait, il demeura seul; et voilà qu'un homme lutta avec lui jusqu'au matin. Et quand cet homme vit qu'il ne pouvait le vaincre, il toucha le nerf de sa cuisse, qui aussitôt se sécha. Et cet homme lui dit : Laisse-moi, car voici l'aube du jour. Jacob répondit : Je ne te laisserai point que tu ne m'aies béni. Et il lui dit : Quel est ton nom ? Et il répondit : Jacob. Mais il lui dit : Ton nom ne sera plus Jacob, mais Israël. Car, si tu as été fort contre Dieu, combien plus seras-tu fort contre les hommes? Jacob lui demanda quel était son nom, et il répondit : Pourquoi demandes-tu mon nom? et il le bénit au même lieu. Et Jacob appela ce lieu du nom de Phanuel, disant : J'ai vu Dieu face à face, et mon âme a été délivrée [1]. »

Voilà, messieurs, dans toute sa simplicité, dans sa grandeur et son mystère, le récit que nous fait la *Genèse* de la lutte de Jacob, au milieu de la nuit, contre un homme que Jacob, après son adversaire lui-même, ne craint pas d'appeler Dieu.

Quel est donc ce lutteur extraordinaire, et que représente ce combat?

D'après l'opinion commune des Pères et des interprètes sacrés, ce lutteur, c'était le Fils de Dieu, le Verbe, préludant au mystère de l'Incarnation, sous cette forme humaine qu'il de-

---

[1] *Gen.*, xxxii, 22 et seq.

vait prendre un jour, non plus en apparence, mais en réalité, en se faisant vraiment homme, sans cesser d'être Dieu, et qui apparaissait à Jacob pour l'éprouver d'abord, et le bénir ensuite, lui et toute sa postérité. Toutefois, le Verbe n'apparut ici à Jacob que par un ange, et non en personne. Un ange vint soutenir la lutte contre le patriarche, et cet ange représentait le Fils de Dieu et le mystère de l'Incarnation. C'est pourquoi il est appelé homme et Dieu tout ensemble, et c'est aussi la raison qui fait dire à Jacob : « J'ai vu Dieu face à face : » *vidi Deum facie ad faciem.*

Or, messieurs, par cette lutte contre un ange, Jacob victorieux recevait l'heureuse promesse de sa victoire morale sur Ésaü. « Si tu as été fort contre Dieu, dit l'ange, combien plus prévaudras-tu contre les hommes? » Symboliquement, cette lutte fut la figure des combats incessants du peuple israélite jusqu'à la venue du Messie, et des combats, non moins nombreux et non moins terribles, du peuple chrétien contre les impies, les hérétiques, les hommes mondains et l'enfer lui-même; combats que Dieu permet pour éprouver ses fidèles serviteurs, leur fournir l'occasion de la victoire, et leur donner enfin, à la place de leur nom vulgaire et ancien, ce nom sacré, ce nom nouveau dont parle saint Jean dans son Apocalypse, *nomen novum*[1], et qui n'est autre sans doute que le nom d'enfants de Dieu.

Figurons-nous, messieurs, ce combat de l'ange et de Jacob, au milieu de la nuit, sur la terre du pèlerinage, au moment même où Jacob déjà inquiet et troublé de l'annonce d'Ésaü qui le poursuivait, cherchait à apaiser son frère, mettait en sûreté sa famille, et appelait le secours de Dieu par une ardente prière. Le céleste adversaire se présente : Jacob est prêt. L'ange attaque l'homme : l'homme se défend. De part et d'autre la force physique et la force morale sont déployées avec habileté, selon toutes les règles

[1] *Apoc.*, III, 12.

d'un combat dont l'issue doit compromettre ou assurer les plus chers intérêts. Mais Jacob devait vaincre; l'assistance de la grâce, l'énergie de la foi le rendaient supérieur à toutes les épreuves, et, comme le remarque le livre de la *Sagesse*, Dieu lui-même envoyait à son serviteur ces occasions de lutte pour lui fournir en même temps des occasions de victoire : *Certamen forte dedit illi ut vinceret*[1]. Jacob ne fut pas pris au dépourvu, quoique le jour n'eût point paru encore. Déjà, bien avant l'aurore, il était debout. L'Écriture sainte nous fait remarquer qu'il était seul : *Traductisque omnibus quæ ad se pertinebant, mansit solus*. Pourquoi seul, au milieu de la nuit, dans un chemin peu sûr, non loin d'Ésaü? Pour prier, nous disent les Pères. Il ne tenait compte ni des périls, ni des fatigues, quand il s'agissait de prier; et, devançant le jour, il offrait à Dieu ses prières et ses vœux, au milieu du solennel et reli-

[1] *Sap.*, x, 10.

gieux silence de la nuit, laissant ainsi à tous les prophètes qui l'ont suivi et à l'Église chrétienne, héritière légitime des patriarches et des prophètes, l'antique usage de l'adoration nocturne : « Levez-vous la nuit, s'écrie Jérémie, et répandez votre cœur, comme une eau abondante et pure, en présence de Dieu : » *Consurge nocte, et effunde sicut aquam cor tuum in conspectu Domini*[1]. « Pendant la nuit, disait David, je me présenterai devant vous, ô mon Dieu, et je verrai » vos merveilles, votre grandeur, votre amour ! *Mane adstabo tibi, et videbo*[2]. C'est qu'en effet la nuit est propice pour la prière. « La paix de la solitude, dit saint Grégoire de Nazianze, est la mère de la divine ascension » de l'esprit et du cœur : *Solitudo mater est divinæ ascensionis*[3]. « Pendant la nuit, ajoute saint Jean Chrysostome, l'âme plus pure et plus légère contemple un sublime spectacle : l'harmo-

---

[1] *Thren.*, II, 19. — [2] *Ps.* v, 5. — [3] *Orat.*, 2.

nieux concert des anges frappe son oreille ; elle entend le profond silence de la nature ; c'est ainsi qu'elle monte jusqu'à Dieu : » *Purior anima leviorque, sublimia videt.* »

C'est alors, messieurs, que Dieu descend pour lutter avec nous, pour nous éprouver, pour nous donner une occasion de vaincre. Car « lutter avec Dieu, dit ici saint Ambroise, c'est entreprendre la généreuse lutte de la vertu, c'est entrer en lice avec Dieu, afin d'apprendre à devenir un imitateur plus parfait de Dieu. Si, comme Jacob, nous avons une invincible foi, une dévotion à toute épreuve, Dieu nous révélera les secrets célestes : » *Quid est luctari cum Deo, nisi virtutis suscipere certamen, et cum superiore congredi, potioremque cæteris Dei imitatorem fieri? et quia insuperabilis erat fides ejus atque devotio, secreta ei mysteria Dominus revelabat*[1].

---

[1] *De Jacob.*, lib. II, c. vi.

Que nous sommes donc heureux, messieurs, et quel inestimable privilége nous avons reçu, d'être appelés à la lutte nocturne comme Jacob, par notre office d'adorateurs?

Oui, messieurs et mes frères, c'est contre Dieu lui-même que vous luttez, lorsque, la nuit, vous adorez le très-saint Sacrement; lorsque vous priez avec instance, avec ferveur, avec larmes, le Dieu de l'Eucharistie. Lutte toute morale, il est vrai, mais, au fond, non moins réelle que celle de Jacob, et dans laquelle sont engagés les intérêts éternels de vos frères; lutte où vous rivalisez avec Dieu, soit pour égaler à son amour votre reconnaissance, soit pour opposer à sa justice et à sa colère sa miséricorde et sa douceur; lutte où Dieu cède à l'homme, et se fait gloire d'être vaincu, afin de bénir l'homme et de lui donner un nom nouveau, un nom à jamais glorieux sur la terre et dans le ciel!

Votre lutte avec Dieu, dans l'acte de l'adoration, est tout à la fois une lutte de similitude et une lutte de contraste et d'opposition. Examinons ici cette lutte sous ce double aspect.

II

Je dis, messieurs, une lutte de similitude. En venant au pied de l'autel adorer Jésus-Christ, vous luttez avec lui de générosité, de zèle et d'amour. Il se rend présent dans l'Eucharistie, à cause de vous; aussitôt vous reconnaissez sa présence, vous croyez, sans ombre de doute, qu'il est là, sous les voiles du sacrement, et vous venez auprès de lui pour l'adorer. Comme Samuel, vous dites : « Me voici, Seigneur, parce que vous avez daigné m'appeler : » *Ecce ego, quia vocasti me*[1].

[1] I *Reg.*, III, 9.

A peine avez-vous appris que Jésus-Christ doit être exposé sur l'autel d'un de nos sanctuaires, que vous y courez avec empressement. A peine a-t-il paru sur son trône, que vous tombez à genoux devant lui. Vous luttez ainsi de promptitude et d'ardeur, lui pour se montrer à vous, et vous pour former sa cour. Il vous donne tout l'amour de son cœur, il vous prodigue toutes les richesses de ses divins trésors, il se complaît au milieu de vous, il vous console et vous fortifie; et vous, messieurs, vous l'aimez de toute votre âme, plus que toute chose, uniquement, et vous lui faites une offrande sans réserve de vos biens et de votre vie! Alors, il se communique à vous en nourriture. Il vous repaît de son corps, il vous abreuve de son sang, il vous donne son âme et sa divinité; loin de vous laisser vaincre, vous luttez victorieusement en disant avec saint Paul : « O Seigneur, ce n'est plus moi qui vis, c'est vous qui vivez en moi! » *Vivo autem jam non ego, vivit vero in me Christus*[1]. Alors, par l'effet même de la similitude, la lutte cesse. Jésus-Christ est en vous et vous êtes en lui. L'ingratitude seule vous aurait vaincus, la reconnaissance vous rend victorieux. Jésus-Christ vous bénit et vous donne le nom d'Israël, c'est-à-dire « qui prévaut contre Dieu : » *prævalens Deo*.

Or, si vous avez été forts contre Dieu, combien plus, messieurs, serez-vous forts contre le monde! Le monde ne vous vaincra jamais dans l'ordre du bien. Vous ne craindrez pas non plus ce nouvel Ésaü qui s'avance pour vous perdre; vous n'aurez pas même à le combattre, car vous l'apaiserez, vous le convertirez par vos prières, en luttant contre la justice irritée de Dieu, en suspendant, par la force de vos supplications, les coups vengeurs qui menacent les méchants. Tel sera l'effet de la lutte de contraste et d'opposition dans laquelle vous êtes engagés en présence

---

[1] *Gal.*, II, 29.

du très-saint Sacrement : second caractère de la lutte contre Dieu, dans l'acte de l'adoration.

Dans cette lutte, Dieu vous apparaît riche et glorieux; vous, vous apparaissez devant lui n'ayant rien de vous-mêmes. Votre substance, votre fond n'est que néant en présence de Dieu : *Substantia mea tanquam nihilum ante te*[1]. Cependant vous osez lui parler, l'interroger, le prier et lui dire : Seigneur, sans doute, de nous-mêmes nous ne sommes rien, mais par vous nous subsistons ; nous sommes l'ouvrage de vos mains : *Manus tuæ fecerunt me*[2]. Comment pourriez-vous rejeter ce que vos mains ont façonné ? *Opera manuum tuarum ne despicias*[3].

Dieu est juste et saint par essence ; vous, messieurs, vous êtes pécheurs du jour où vous avez été conçus : *In iniquitatibus conceptus sum, et in peccatis concepit me mater mea*[4]. Cependant vous osez vous approcher

[1] *Ps.* xxxviii, 6. — [2] *Ps.* cxviii, 73. — [3] *Ps.* cxxxvii, 8.
[4] *Ps.* l, 6.

de Dieu, à cause de son infinie miséricorde. Vous lui dites : « Seigneur, vous n'êtes pas seulement juste, vous êtes bon et miséricordieux, patient et d'une infinie miséricorde, et traitable à l'égard du péché : » *Benignus et misericors, patiens et multæ misericordiæ, et præstabilis super malitia*[1].

Dieu est irrité contre le monde ; vous luttez en faveur du monde. Dieu prépare sa foudre ; vous éteignez la foudre dans les mains de Dieu. « La vengeance est à moi, vous dit le Seigneur ; c'est à moi qu'il appartient de punir les méchants selon leurs œuvres : » *Mea est ultio, et ego retribuam*[2]. Vous répondez : Oui, Seigneur, il est vrai, vous êtes juste, votre jugement est rempli d'équité, vous punissez le mal ; mais n'êtes-vous pas aussi le Dieu de la miséricorde et du pardon : *Tibi, Domine, misericordia*[3]. « Jusques à quand, reprend le Seigneur, les pécheurs oseront-ils

---

[1] Joel., ii, 13. — [2] Deut., xxxii, 35. — [3] Ps. lxi, 13.

se glorifier? » *Usquequo peccatores gloriabuntur*[1]? Ils s'élèvent contre moi, ils m'insultent, ils nient audacieusement mon pouvoir, ma providence, mon amour, mon existence même! Je ne puis les souffrir plus longtemps! Et vous, à ce Dieu justement irrité vous ne craignez pas de répondre : « Jusques à quand, Seigneur, serez-vous irrité; jusques à quand votre colère s'embrasera-t-elle comme un feu dévorant? » *Usquequo, Domine, irasceris in finem : accendetur velut ignis zelus tuus*[2]? Seigneur, souvenez-vous de votre prophète. Il a dit de vous que, dans votre colère même, vous saviez ne point oublier votre miséricorde : *Qui cum iratus fueris, misericordiæ recordaberis*[3]. Souvenez-vous surtout de votre Fils Jésus-Christ, notre Sauveur, qui a versé son sang pour les coupables et qui ne cesse point d'intercéder en leur faveur! Seigneur, souvenez-vous de David, et de toute sa mansuétude, c'est-à-dire

[1] *Ps.* — [2] *Ps.* LXXVIII, 5. — [3] Habac., III, 2.

n'oubliez pas la tendresse de votre Fils, ses larmes, ses supplications pour les pauvres pécheurs, et pardonnez-leur les offenses dont ils sont coupables, car ils ne savent ce qu'ils font : *Memento, Domine, David, et omnis mansuetudinis ejus*[1]... *Pater, dimitte illis, nesciunt enim quid faciunt*[2] !

C'est ainsi, messieurs, que se poursuit, entre Dieu et le chrétien qui l'adore, la lutte de contraste, figurée par la lutte de Jacob contre son mystérieux adversaire. Dans cette lutte, Dieu cède ; il se laisse vaincre. Il oublie sa colère, il dépose sa foudre, pour ne plus se souvenir que du feu purificateur d'un miséricordieux amour.

Qu'elle est grande, qu'elle est glorieuse, qu'elle est belle et touchante, messieurs et mes frères, cette lutte de Dieu et de l'homme ! Oh ! quel noble combat vous est réservé ! Car, dans ce champ clos du sanctuaire eucharistique, c'est vous qui êtes les champions de

[1] *Ps.* cxxxi, 1. — [2] Luc., xxiii, 34.

Dieu! Ne craignez rien; tenez ferme! Dieu veut votre victoire : il vous arme pour sa propre défaite! Messieurs, vous avez dans vos mains le sort du monde; prenez pitié du monde qui périt!

Quand vous avez lutté jusqu'à l'aurore, jusqu'à l'apparition de cette douce lumière qui présage la paix, Dieu vous félicite de votre ardent courage. Il vous quitte; mais avant de se dérober à vos étreintes, il vous bénit. Touchés vous-mêmes de la condescendance infinie d'un si puissant adversaire, vous ne voulez le quitter qu'à la condition d'être bénis par lui : *Non dimittam te, nisi benedixeris mihi*[1]. Il change votre nom mortel : vous vous vous appeliez « Jacob, » c'est-à-dire « supplanteurs; » vous n'étiez encore les enfants privilégiés de Dieu que par une grâce prévenante, toute gratuite; maintenant, il vous appelle « Israël, » c'est-à-dire « forts contre

---

[1] *Gen.*, xxxii, 26.

Dieu, » car vous avez coopéré à la grâce, vous avez mérité la gloire par votre propre action, inspirée, animée, soutenue par la grâce, il est vrai, mais distincte de la grâce; et ce mérite ne sera jamais oublié! Élevez un mémorial à cette apparition et à cette lutte de Dieu contre vous. Appelez le sanctuaire dans lequel le Seigneur s'est mesuré avec vous, du nom de « Phanuel » ou « vision de Dieu! » Un jour, messieurs, de ce Phanuel du temps, vous passerez au Phanuel de l'éternité, non plus pour combattre, mais pour vous reposer, pour rendre grâce, pour aimer; et c'est alors que vous direz comme Jacob : « J'ai vu Dieu face à face, et mon âme a été sauvée : » *Vidi Deum facie ad faciem, et salva facta est anima mea*[1] *!*

[1] *Gen.*, xxxii, 30.

FIN

TABLE

Préface.. v

PREMIÈRE CONFÉRENCE.

De l'action des adorateurs du Très-Saint Sacrement contre les vices du siècle. 1

DEUXIÈME CONFÉRENCE.

De l'action des adorateurs du Très-Saint Sacrement contre le langage du monde. 59

TROISIÈME CONFÉRENCE.

De l'action des adorateurs du Très-Saint Sacrement contre la fausse prudence du monde. 103

QUATRIÈME CONFÉRENCE.

Les adorateurs du Très-Saint Sacrement, préservés de l'influence mortelle du monde par l'Eucharistie. . . 145

CINQUIÈME CONFÉRENCE.

De l'action des adorateurs du Très-Saint Sacrement, par le moyen des bonnes œuvres, sur le monde languissant et malade. 181

SIXIÈME CONFÉRENCE.

L'Eucharistie, chef-d'œuvre de la providence de Dieu dans l'ordre surnaturel. 229

SEPTIÈME CONFÉRENCE.

La loi de l'anathème et les soldats de Gédéon. . . . 261

HUITIÈME CONFÉRENCE.
CONCLUSION DE LA RETRAITE.

De l'action des adorateurs du Très-Saint Sacrement sur Dieu lui-même, en faveur du monde. 285

FIN DE LA TABLE

PARIS. — IMP. SIMON RAÇON ET COMP., RUE D'ERFURTH, 1.